インド仏教思想史 上

ひろさちや

佼成出版社

まえがき

日本の仏教は、大乗仏教である――。それはわかりきった事実であるのに、ときどきわれわれはそれを忘れて、仏教のことを考えてしまう。

大乗仏教は、小乗仏教を否定した仏教である。

もっとも、大乗仏教は、小乗仏教を全面否定したわけではない。そんなことをすれば、大乗仏教は「仏教」でなくなってしまう。けれども、大乗仏教は、小乗仏教を全面肯定したわけではない。小乗仏教を全面肯定すれば、大乗仏教そのものが存在理由（レーゾン・デートル）を持たなくなる。したがって、大乗仏教は小乗仏教を全面否定しなかったが、本質において小乗仏教を否定したのである。小乗仏教を否むという行為を通じて、大乗仏教は自己を形成した。

わたしは、大乗仏教と小乗仏教の関係は、キリスト教とユダヤ教の関係に似ていると思っている。キリスト教はユダヤ教を否定し、ユダヤ教と対立しながらみずからの「宗教」を形成した。かといって、キリスト教はユダヤ教を全面否定したわけではない。全面否定をすれば、『旧約聖書』すらなくなってしまう。だから、全面否定はできないのである。それと同じように、大乗仏教も小乗仏教——より具体的にいえば「阿含経《あごん》」——を全面否定できないが、しかし本質においては小乗仏教を否定し、小乗仏教と対立しながらみずからの「仏教」をつくったのである。

にもかかわらず、現代の日本にあって、やけに小乗仏教を持ち上げる学者が少なくないのである。小乗仏教こそ釈尊の教えに近い仏教であり、小乗仏典のほうが釈尊の説法を歪《ゆが》めずに伝えている——といった主張をされる人が多い。

困ったことだ、と、わたしは思う。その主張を推し進めると、大乗仏教は劣った仏教、価値の低い仏教になってしまう。それでいいはずがない。ユダヤ教の立場から見るならば、キリスト教は愚かな民衆がつくった新興宗教になってしまうが、キリスト教徒がそんなユダヤ教の立場に立ってキリスト教を見るわけがないのである。小乗仏教の立場に立って仏教を見る見方は、どう考えても馬鹿げているのだが、ほとんどの学者がそれに気づいていない現状である。

でも、それは、無理もない点がある。

なぜなら、われわれが小乗仏教をきっちりと否定できるのは、しっかりとした大乗仏教の基盤があってのことである。自分がその上に立てる足場なしには、小乗仏教を否定はできない。

ところが、わたしたちの大乗仏教——日本仏教——の現状は、あまりにも惨憺たるものである。一口にいえば、日本仏教は葬式仏教になってしまっている。いや、その葬式さえ、満足にできないのが実状である。

葬式のための仏教——を前提にして、小乗仏教を否定できない。いくら鉄面皮でも、それは無理である。

だから学者は、小乗仏教のほうに荷担するのである。

しかし、わたしは、それはまちがいだと思う。ユダヤ教に荷担すれば、その人はユダヤ教徒である。キリスト教徒であれば、歯を食い締《しば》ってでも、キリスト教の立場に立ってユダヤ教を否定せねばならぬ。小乗仏教に荷担すれば、その人は大乗仏教徒でなくなる。大乗仏教徒であれば、どんなことがあっても、大乗仏教の立場に立たねばならぬ。すなわち、小乗仏教を否定せねばならない。わたしはそう考えている。

では、いかにして小乗仏教を否定するか……?

大乗仏教の現状に立って——ということは、日本のいまの仏教のあり方を前提にして、それで小乗仏教を否定できない。それには、先程も述べたように、日本仏教の現状があまりにもひどすぎる。

そこで、わたしは、『インド仏教思想史』を書きはじめた。

わたし自身がしっかりと立つことのできる、「仏教」の地盤を確保するために……である。その地盤を確立しておかないと、わたしは「仏教」について書きつづけることができないと思ったからである。

＊

本書は、『大法輪』誌上に五十回にわたって連載したものである。連載は、一九八三年五月号からはじめられ、一九八七年八月号で終わっている。長期にわたる連載で、ときどき息切れがしそうであった。しかし、編集者の小山弘利氏に励まされて、ゴールインすることができた。小山氏には、感謝の気持ちでいっぱいである。また、連載中、いろんな人から激励のことば、共感のことば、そしてときにはお叱りのことばをいただいた。それらのことばに支えられて、わたしは連載をつづけることができたわけだ。ご支援いただいた皆様に、心からの感謝を述べさせていただく。

合　掌

一九八七年九月

ひろ　さちや

復刊のまえがき

三十年以上も昔の本が、このたび佼成出版社から復刊されました。旧版の版元である大法輪閣から佼成出版社へと黒神直也氏が移籍され、細かな話はすべて黒神氏が処理され、わたしは黒神氏から、

「復刊していいですか?」――「お願いします」

と、二つ返事で即答しただけです。ともかく、黒神氏に深く感謝します。

※

この本は、わたしが四十歳代で執筆したものです。だから復刊にあたり、相当に加筆・訂正せねばならぬのではないかと心配でした。でも校正ゲラを読んでいて、その心配は杞憂《きゆう》に終りました。ほとんど加筆・訂正の必要がなかったのです。

ということは、四十歳代のわたしがよほどしっかり勉強していたか、本書刊行後のわたしがあまり勉強していないかのいずれかになりそうです。喜ぶべきか、悲しむべきか、いささか変な気でいます。

ただ一つ、現在のわたしであれば、アショーカ王の仏教に対する援助を大きく評価しただろうと思います。アショーカ王は仏教のサンガ（出家教団）に荘園を寄進し、出家者たちの大部分は遊行をやめ、荘園つきの寺院に定住するようになりました。これが釈尊の時代の出家者の生活を大きく変えたことはまちがいありません。

と同時に、アショーカ王は多くのストゥーパ（仏塔）を建立し、そのストゥーパにも荘園の維持・管理のためにストゥーパにも荘園を寄進しています。それによって在家信者が活躍できる基盤・核をつくったのです。こういう経済史的側面をもっと詳しく取り挙げる必要があると、いまは考えています。

しかし、こういう点については、新しい研究者がやってくれることを期待しています。ともかくいまは、過去のわたしの本が新しい読者を得ることをよろこんでいます。

合掌

二〇二〇年五月

ひろさちや

目次

装幀／山本太郎

本書は、一九八七年十月に㈲大法輪閣から発刊されたものを装幀を変え新装版として小社から復刊したものです。本文は概ねそのままですが、若干著者により加筆訂正を行ないました。

序章　仏教思想史の可能性

一　歴史とは「対話」である

▼村長の質問

かれはそのとき、ナーランダー近郊のとある林の中にいた。そこに村長がやって来て、かれに問いかけた。

「バラモンたちが言っているところによると、彼らが儀式を執り行なえば、死者はたちまち天上界に再生するそうだ。どうだい、お前さんにも同じことがやれるかい……？」

かれに対する村長の態度は、いささか傲慢《ごうまん》不《ふ》遜《そん》であった。しかしかれは、そんな不躾《ぶしつけ》な質問に慣れていた。別段顔色も変えずに、かれはこんなふうに応えた。

「その問いに答える前に、村長、わたしからひとつ質問したい。湖があって、かりにその湖に大きな石を投げこんだとしよう。当然に、石は底に沈むだろう。そしてそのあとで、人々があつまって、湖の周りで『石よ浮かべ、石よ浮かべ』と祈願するのだ。すると、石は浮きあがってくるだろうか？」

「いいや、そんなことはない」

「村長よ、それと同じなんだよ。生前、さんざんに悪を積み重ねた者は、死後地獄に堕ちる。いくら祈願をやろうが、彼が天上界に生まれることはない――」

そう言って、かれはことばを休めた。

だが、これでかれの話が終わったわけではない。かれの話はいつもそうであるが、必ず反対の事例が対《つい》になって提起される。現代人には、こんなやり方はくどくどしいと感じられるが、かれの生きた時代にあっては、ぜひともそうした話しぶりが必要であった。いや、むしろ、かれが日常そうした話し方――話し方というものは、じつをいえばものの考え方にほかならない――を心がけてきたからこそ、かれの思想があんがいに歪《ゆが》められることなく現代にまで伝えられたのだ。そう断言しても、あながち過言ではないだろう。

「それからね、村長。今度は、瓶に油をいれて湖に投じたとしよう。そして、瓶が割れたとする。すると、油が浮きあがってくる。人々がそこで、『油よ沈め、油よ沈め』と祈願するのだ。するとなにかい、油は沈むだろうか……?」

「いいえ、そんなことはありません。油は浮くにきまっています」

「それと同じことなんだよ。生前に善行を積み重ねた者は、死後天上界に生まれ、地獄に堕ちることはない。村長よ、これがあなたに対する解答である」

かれはそう言い終えて、村長に向かってにっこりとほほえんだ（『南伝大蔵経』第十六巻上、一〇〜一一三ページ）。

じつはこのかれが、ほかならぬ釈尊《しやくそん》であった。釈迦《しやか》族出身の聖者であり、世人から〝仏陀《ぶつだ》〟（真理に目覚めたる者——の意）と呼ばれ尊崇されていた人物が、いまここに紹介したかれである。そして、このかれ——釈尊こそが、キリスト教・イスラム教とならんで、世界の三大宗教の一つに数えられている仏教の創始者にほかならないのである。

▼思想史への抱負

わたしは、いささか意外な話から書きはじめた。

いまわたしが、少しく潤色を加えて紹介した話は、原初仏教（原始仏教）経典のなかでそれほどの重要性をもったものではない。にもかかわらずこれを選んだのは、この話がわれわれに多くのことを考えさせてくれそうに思えたからである。

まず最初に、質問者が村長（原語は gāmaṇi で、「南伝大蔵経」は〝聚楽主〟と訳している）であることだ。これが、わたしの気にいった。

われわれは、当時の村長がどのような人間であったか、実態をよく知らない。けれども、彼が村長と呼ばれているかぎりにおいて、その人物がある程度の年齢であり、ものの考え方においては平均的な、あるいは少しく保守的な人間を想像することが許されるであろう。だとすれば、ここで釈尊は、平均的なインド人から問われ、平均的なインド人を相手に自己の考えを披瀝されていることになる。それがこの話のよさであり、これからインド仏教思想史を書こうとしているわたしにとって、大いに役立つ話なのだ。

というのは、わたしは、ありきたりなインド仏教思想史を書こうとは思っていない。ありきたりな——というのは、無味乾燥な教理史、教学史、専門用語と固有名詞ばかりで綴られた学術書の類である。そんなありきたりの教科書的仏教思想史には、わたしは興味はない。ほんとうをいえば、学者でないわたしには、そんなものは書こうと思っても書けないのであるが、いまは勇ましく「興味がない」と言っておく。わたしの書きたいものは、思想のドラマである。人間が現実人生を生きながら、さまざまな問題に悩み、あちこちで頭をぶつけてコブだらけになりながら、思索し、ときには問題を解決し、ときには絶望し、ときにはヤケになって投げ槍になる。そんな人間のドラマを「思想史」というスタイルで描いてみたい。それがわたしの願望である。最初にそんな大風呂敷をひろげて、あとで泣きを入れるのは目に見えているが、いちおう抱負を語っておく。そうなんだ、わたしはできるだけ固有名詞と専門用語を使わずに、思想のドラマを展開したいのである。

そこで、——。

固有名詞の対極にあるものは、平均人である。平均人が何を考えていたかを描くことこそ、思想史の眼目ではなかろうか……。そう思ってわたしは、原初仏教経典のなかのちょっとしたエピソードをとりあげることにしたのである。

▼現代と過去の対話

しかし、果たして、そんな思想史が書けるであろうか？

いや、そんなふうな問い方はおかしい。書けるか書けないかは、やってみなければわからないのである。それより問題は、いかにすればそんな思想史——思想のドラマ——が書けるか、である。

そこでわたしは、Ｅ・Ｈ・カーのことばを思い出す。

イギリスの歴史家のＥ・Ｈ・カーは、

「歴史は、現在と過去との対話である」

と、その著『歴史とは何か』（清水幾太郎訳、岩波新書）のなかで幾度も繰り返していた。「歴史家の機能は、過去を愛することでもなく、自分を過去から解放することでもなく、現在を理解する鍵として過去を征服し理解することであります」「現在の眼を通してでなければ、私たちは過去を眺めることも出来ず、過去の理解に成功することも出来ない」……わたしは、このことばに共鳴する。わたしが書こうと思っている思想のドラマは、現在と過去との対話でなければならない。その対話を抜きにして、おそらくいかなる思想史も構成しえないのではなかろうか……。わたしはそう考えている。

そこで、たとえば、こんなことが考えられる。

あの村長は、釈尊に、

「バラモンが祈禱すれば、死者は天界に再生する。で、おまえさんにも、それがやれるのか？」

と尋ねていた。それが彼の関心問題であったらしい。だが、彼はなぜ、そんな問題に関心をもっていたのか……。

いまわたしの手許に、新興宗教のパンフレットがある。高校時代のクラスメイトが、入会をすすめられて困っていると言って、相談のために送ってきたパンフレットである。

「不成仏霊《ふじょうぶつれい》の霊障《れいしょう》は、三つのおそろしい悪因縁《いんねん》を生じます。

一、横変死《おうへんし》の因縁

二、刑獄の因縁

三、肉親血縁相剋《そうこく》の因縁をともなう家運衰退の因縁

です。この三大悪因縁が一つでも生じた家では、家の運気がどんどん衰退し、その家族の個人が、どんなに才能があり、努力をしても、非運となって、一生、不幸、不運に泣くことになります」

パンフレットはそんな書き出しではじまり、そして予想通りの「供養《くよう》のおすすめ」にいたる。

「いかなる霊障の不成仏霊でも、かならず解脱成仏にみちびく霊力を持つ××××管長が、くわしく霊視をされた上、戒名・法名をつけて、成仏するまで修法されます。

はっきり成仏されますと、その御霊牌は、京都の総本山・△△霊廟に安置され、永代にわたってご供養申し上げます」

そして、

「御供養料　一体　拾万円也」

が、ゴチックで印刷されていた。

これはまさに、村長が言っていた、「バラモンがご祈禱すれば、死者は天界に再生する」に相当するものである。村長の時代と現代と、そこに二千五、六百年の時間の隔たりがありながら、人間の考えるところはよく似ている。だから、現代と過去は「対話」できるのである。

▼現代仏教を批判する

じつをいえば、このパンフレットの新興宗教は、大乗仏教をまちがった仏教だと攻撃しているのである。大乗仏教は釈尊の教えを正統に継承していないと、そのこと自体はいたってまともな主張を掲げている。そして、釈尊の教えに帰れ！……とキャンペーン（宣伝活動）を張っているのだ。なんたる皮肉ゾ。わたしは笑いだしたくなる。

冒頭のエピソードが示しているように、釈尊は不成仏霊の成仏なんて、否定しておられる。石は沈み、油は浮く。一体につき金拾万円の御供養料を支払って、「石よ浮きあがれ」と祈願したって、沈むものは沈むのだ。釈尊はそう言っておられる。バラモンたちはそれができると主張しているかもしれないが、釈尊はそんなことは歯牙にもかけておられない。そうすると、この新興宗教は、バラモン教の伝統を継ぐものだろうか……。そんな憎まれ口を叩きたくなる。

もっとも、既成仏教のほうだって褒《ほ》められたわけではない。死者葬儀と先祖供養を専門にしているのが、現代の寺院仏教である。そう断言しても、どこからもクレーム（文句）がつかないであろう。

「そうするとなにかい、石を湖に沈めて、そのあとでご祈禱をする。『石よ浮かべ、石よ浮きあがれ』と。で、石は浮きあがるだろうか？」

釈尊からの質問にあって、現代の僧たちはどう答えるか……。

「それと同じことなんだ。生前に悪行の限りを尽くした死者は、死後地獄に堕ちる」

いずれのちに詳しく述べるが、仏教ではこれを「自業自得《じごうじとく》」という。自分のなした行為の結果は、必ず自分に返ってくるというのである。釈尊は村長に、「自業自得」の法則を教えられたのである。それが、冒頭のエピソードの意味するところである。

しかし、誤解をしないでいただきたい。わたしは現代仏教を批判するが、それだけのためにインド仏教思想史を書こうとするのではない。そんな態度だと、結局は従来のありきたりな教理史しか書けないと思う。早い話が、正しいのはインド仏教であって、それも時代的に古いもののほうが正しくて、あとのものはまちがっている、と主張する学者がおられるが、そんな立場で思想史を書けば、なんだか難解で面白味のない学説史ができあがるにきまっている。なぜなら、そこには「対話」がないからである。

インド仏教が正しくて、日本仏教がまちがっている――と、馬鹿げた主張をする学者が多い。古い時代の文献に書かれたことが正しく、後世に成立した文献に展開された思想は価値が劣ると、まるで骨董屋の言いそうなことを述べる文献学者が数多い。彼らは、古い文献に書かれたことしか信用しないのだ。

だが、それはおかしい。思想というものは、時代のニーズ（要請）によって変化するものである。時間による思想の変化を認めずに、頑迷固《がんめいこ》陋《ろう》に前時代的思想を保持しようとする者を教条主義者と呼ぶが、文献学者が暗々裡に信奉しているやり方は、この教条主義者のドグマ（教義）である。わたしは、そんなドグマにもとづいて思想史を書くつもりはない。

わたしの方法は、一口でいえば「対話」である。

▼バラモンと釈尊の分業

では、その「対話」の方法とは何か？　もう少し具体的に書いてみよう。

もう一度、冒頭のエピソードに戻る。

あのエピソードは、村長（平均的インド人）が釈尊のもとにやって来て、あんたが説いている教えは、バラモンのやっている死者儀礼と同じか……と尋ね、それに釈尊が「ノー」と答えられたのであった。「自業自得」という原則に照らして、死者儀礼など無効である……と、釈尊は答えておられる。そこで、この釈尊の答えから、現代仏教を一方的に批難するのが、これまでの学者のやり方である。いや、ほとんどの文献学者は、現代仏教に関心をもっていない。だから、あのエピソードの釈尊のことばに準拠して、それで現代仏教を断罪する者は、まだましな人である。現代に関心を持っているだけ、まだましと言うべきか……。

ところで、わたしのいう「対話」の方法は、釈尊の答えから、一方的に現代仏教を批難するものではない。一方的であれば、「対話」にならないからである。

わたしは、現代からもう一度釈尊に問いかける。

釈尊よ、じゃああなたは、先祖供養をやめろ！……と言われるのですか？

妾をつくって妻を泣かせ、飲む・打つ・買うの三拍子のそろった人間。飲酒運転で事故を起こして死んでしまった男に、立派な戒名をつけてもらい、初七日から四十九日までの法要を盛大に営み、また一周忌、三回忌、七回忌……とつとめあげる。しかし、それは、「石よ浮かべ！」と祈願するに等しいことだとあなたは言われますが、じゃあね、釈尊よ、仏壇も捨て、葬式もやめろということになりますか……？　わたしは、そのように尋ねてみたい。

そして、――。

そう問い尋ねたとき、わたしは「はっ」と気づく。

そうだ、村長の質問は、バラモンの存在を前提にしてなされたものであったのだ、と。

村長は、バラモンのやっている死者供養と同じことをあんたもやるのか……と問い、釈尊は、わたしのやることはバラモンと同じでない、と言っておられる。

ということは、釈尊は、死者供養のほうは、当時のインドにおける伝統宗教の担い手であるバラモンたちにまかせておいて、ご自分は別の道を行かれたことにならないか。つまり、伝統的な宗教を土台にして、釈尊の宗教＝仏教は構築されていた。そのように見たほうがよさそうである。わたしはそう思うのだ。だから、釈尊は死者供養をやめろ！……と言われたと、冒頭に引用したエピソードだけから短絡的に結論づけるのは危険だと思う。むしろ釈尊は、

――バラモン（伝統宗教）の仕事――

――ご自分（仏教）の仕事――

を、はっきりと分けておられたと見たほうがよい。そのような分業体制を暗示する証拠は、ほかにもいろいろあるからである。

▼「対話」による思想史

たとえば、『大般涅槃経《だいはつねはん》』という経典（この経典は、釈尊の入滅前後の出来事を述べたものであり、資料的価値の高いものであるが）には、釈尊が入滅されたのちの葬儀のやり方を、釈尊の侍者のアーナンダ（漢訳名・阿難《あなん》）が釈尊その人に尋ねている場面がある。

「世尊、私達は如来の舎利《しゃり》（＝遺骨）を如何に処理すべきですか？」

「阿難よ、お前達は如来の舎利供養の為に煩わされるな。さあ、阿難よ、お前達は最高善に努力しなさい。最善を修しなさい。最高善に於て、不放逸にて熱心・精懃にして住しなさい。阿難よ、如来に信心を懐く刹帝利（＝クシャトリヤ。カーストの一つで、武士族）の学者も、婆羅門（＝バラモン）の学者も、居士（＝大資産家）の学者もあって、彼等は如来の舎利供養を為すであろ

う」(『南伝大蔵経』第七巻、一二六ページ。ただし、ここでの引用は、平等通照訳著『仏陀の死』印度学研究所、によった)

ここでは明らかに「分業」が言われている。

葬儀のことなど、武士族の学者やバラモンの学者、資産家の学者——すなわち在家の信者たち——にまかせておけばよい。あなたがた(出家者)は、ひたすらに修行に励みなさい。それが釈尊の指示であった。つまり釈尊は、在家の信者と出家の弟子とをはっきりと区別しておられたのである。そして、アーナンダ(阿難)をはじめとする出家の弟子たちに対しては、修行に専心することだけを命じておられる。修行に専心することだけが、出家者のなすべきことだというのである。

では、在家の信者に対してはどうか?

じつをいえば、在家信者に対して釈尊がいかなる教えを説かれたか……は、あまりよくわからないのである。なぜなら、釈尊の教えは、出家者の弟子たちが中心になって、これを継承してきたからである。

釈尊は、在家の信者に対しても、教え(法)を説かれたはずである。だが、教団は出家者によって運営されていた。だから、教団の人間(出家者)は、釈尊が在家者になにを説かれたか……については、いっこうに無関心であった。在家者向きの教えを記憶や記録にとどめて語り伝えて行こうなどとは、教団人はほとんど考えなかったのだ。したがって、残された文献を見ているかぎり、まるで釈尊は在家信者を捨てておられたように思われる。

だが、そんなことはあるまい。

文献にないからといって、釈尊が在家の信者を無視されたと結論するのは馬鹿げている。文献学者はそんな馬鹿げた主張をしかねないのだが、それは彼らが文献学の限界をよく自覚していないからである。

要するに、文献学では思想史は書けないのだ。

では、文献でわからないところをどのようにして補って行くのか……？

わたしは、そのために、「対話」の方法を考えているのである。

歴史は、現在と過去との対話である。わたしは、「対話」によって、思想の歴史を書きたい。

二　わたしの書きたい思想史

▼家長の戒律

『シンガーラへの教訓』（漢訳だと『六方礼経《ろつぽうらいきよう》』）と題される経典がある（「南伝大蔵経」第八巻、二三七～二五八ページ。なお、岩本裕『仏教聖典選』第一巻に、現代語訳がある）。原初仏教において、在家者の日常生活への指針を説いた経典として、わりと有名なものである。

長者の息子のシンガーラは、父の遺言にしたがって、毎朝、東方・南方・西方・北方・上方・下方の六方への礼拝を欠かさなかった。それを見た釈尊が、たんなる方角礼拝では意味がないとして、シンガーラの礼拝行為に意味づけをあたえられたのがこの経典の主旨である。すなわち、

東方は母父なりとして、
南方は師匠なりとして、
西方は妻子なりとして、
北方は朋友なりとして、

下方は奴僕傭人なりとして、
上方は沙門《しゃもん》（＝出家者）・婆羅門《ばらもん》（＝僧職者）なりとして、

それらの人々を念じつつ礼拝せよ——というのである。また、そうした方角礼拝の意味づけのかたわら、釈尊はシンガーラに世俗的な倫理を説いておられる。たとえば、

「長者の息子よ、酒類などの怠惰の原因に耽溺すると、実に次のような六つの不利益がある。すなわち、（1）現実に散財があり、（2）喧嘩・口論が増し、（3）諸病の巣となり、（4）悪評がたち、（5）腰帯をはずし（＝恥知らずになる）、（6）第六の特色として、理智の力が弱くなる」

「長者の息子よ、祭礼や見世物などに出かけてばかりいると、実に次のような六つの不利益がある。すなわち、……」

「賭博という怠惰の原因に夢中になると、実に次のような六つの不利益がある。すなわち、……」

「悪友に熱中すると、実に次のような六つの不利益がある。すなわち、……」

といった工合である。これは、そっくりそのまま現代人にも当て嵌《は》まりそうな教えである。それ故、五世紀の仏教学者のブッダゴーシャ（漢訳名・仏音《ぶっとん》）は、「家長（gihi）がなさねばならぬ行為であって、しかもこの経典のうちに説かれていないものは、何も無い。この経典は家長の戒律（gihivinaya）と言われる。それ故にこの経典を聞いて、教えられたとおりに実行するならば、繁栄のみが期待され、衰滅はありえない」（中村元『釈尊のことば』による）と言っている。なるほど「家長の戒律」とは、言い得て妙であるとわたしも同感する。

▼真理を語る者は世間と諍《あらそ》わず

ところで、わたしがこの『シンガーラへの教訓』に言及したのは、釈尊が在家の人間に向かって、在家としての生き方を教えておられることを確認したいがためである。たしかに、釈尊の教説の大部分は出家者向きのものであった。それはそうなのだが、しかし、在家の人間が完全に無視されていたのでないことだけは、ここではっきりと確言しておきたい。数多い経典のうちには、『シンガーラへの教訓』のようなものが含まれているのである。

と同時に、在家に対する釈尊の対し方が注目されるべきだ。

『シンガーラへの教訓』を読んで、われわれが「おやっ……」と思うのは、釈尊がシンガーラの行動を全面否定されていない点である。シンガーラは、父親の遺言によって、方角礼拝をしていた。現代でいえば、毎朝、神棚に柏手を打つようなものか……。素朴な宗教儀礼である。そんなふうに言えば、神道の人から叱られるかもしれないが、わたしの考えている「仏教」からすれば、それは素朴な行為である。それぞれの人間にそれぞれの宗教があるのだから、そこのところは許してほしい。ともかく釈尊は、シンガーラがそんな素朴な宗教儀礼をやっているのを見て、

「そんなことはやめなさい！」

と言われなかった。そうではなくて、むしろ反対に、無意味な宗教儀礼に精神的裏づけをあたえることをされているのだ。この態度は、われわれは注目しておくべきである。

〔前節でわたしは、「釈尊よ、じゃあなたは、(現在日本で仏教の名のもとに行なわれている)先祖供養をやめろ!……と言われるのですか?」と発問し、釈尊の教えから一方的に現代日本の仏教を批難するのはまちがいである、と言った。そのことは、この『シンガーラへの教訓』を読むと、ある程度わかっていただけるのではないか……。在家信者の指導に関するかぎり、釈尊はわりと現実容認的である。したがって、葬式仏教を全面否定するだけが、釈尊の真意ではなかろう。葬式仏教からなにをつくりあげるか……? あるいは、葬式仏教のほかに、なにが必要か? 釈尊であれば、そのように問われたかもしれない。〕

そういえば、こんな話も原初経典のうちに出てくる(『南伝大蔵経』第十巻、一三七〜一六一ページ)。

ジャイナ教の在家信者のウパーリが、釈尊に議論をふっかけに来る。ジャイナ教というのは、インドにおいて仏教と相前後して興起した宗教で、その教えは仏教とよく似ている。それで、仏教とジャイナ教は姉妹宗教だとされている。信者層が重なっているので、両宗教は相互に競争関係にあったらしく、ときに対立抗争が起きたようだ。ジャイナ教の信者が釈尊に議論をふっかけるのは、釈尊を言い負かして、それでジャイナ教の名声を高めようとの意図である。

ところが、ウパーリは逆に釈尊に言い負かされてしまう。そして、そのあげく、ジャイナ教の信者をやめて、仏教の信者になると申し出た。つまり、経典の文句をそのまま引用すれば、

「睾丸を抜き取る人、往きて睾丸を抜き取られ、還り来るが如く……」というわけだ。ミイラ取りがミイラになったということを、経典は「キンタマ抜きがキンタマを抜かれた」と表現しているところが面白い。とはいえ、どうも変なところにわたしは感心するのでいけない。あわてて本題に戻す。

ウパーリが改宗を表明したときである。釈尊はウパーリに言われた。

「居士よ、あなたはこれまで、ジャイナ教徒の供養の泉となっていたのだから、これからだってジャイナ教徒が托鉢《たくはつ》にやって来れば、従前通り布施《ふせ》・供養をつづけるように……」

と。

これが、在家信者に対する釈尊の基本的態度であった。

「諸比丘よ、我は世間と諍《あらそ》はず、世間、我と諍ふ。諸比丘よ、法語者（＝真理を語る者）は世間の何人とも諍はず」（『南伝大蔵経』第十四巻、二一六ページ）

できるかぎり世間から遠ざかっていよう……というわけである。

▼入院患者と通院患者

わたしの論旨が、少しわかりにくくなっているかもしれない。自分で気づいているのだが、このままではひょっとしたら誤解をうけぬともかぎらぬ。それで、もう一度整理をして話すことにする。

釈尊の教えの精髄は——すでに述べたように——出家者に向けて説かれたものである。これについて、なんのコメント（注釈）も要らない。あたりまえのことである。

この出家者向けの釈尊の教説は、わたしなりの譬喩《ひゆ》を使えば、いわば入院患者向けの治療法に相当する。出家者というのは、入院患者である。人生の苦悩という病気を治療するために、釈尊を院長とする病院（仏教教団）に入院したようなものである。病院の規則にあたるものが戒律であり、出家者はこの戒律（規律）を厳守することによって解脱《げだつ》（治病）をめざすのである。

ところで、従来の仏教思想史は、このような入院患者の治療法を中心に書かれてきた。

だが、わたしは、その点が不満なのだ。

なるほど、釈尊は入院患者（出家者）を中心に教えを説かれた。けれども、冒頭から述べてきているように、釈尊が在家者（入院しない患者。どうせ譬喩を使いはじめたのだから、これを〝通院患者〟と呼んでおこうか……）を無視されたわけではない。通院患者に対してもアドヴァイス（忠告）を与えておられるのだから、そしてそのアドヴァイスもれっきとした釈尊の教え――すなわち仏教――なのだから、それを取りあげないでいるのはおかしい、というのがわたしの意見である。それを言いたくて、あれこれと論じてきたのである。

つまり、こういうわけだ。

釈尊はまず第一に、病院長であられた。そして病院長としての釈尊は、入院患者（出家者）に対して全責任をもって治療にあたられた。厳格な病院規則（戒律）を制定され、違反者を罰し、つねに患者の身を気づかっておられた。

それと同時に、釈尊にはもう一つの役割りがあった。それは通院患者（在家者）の指導である。ところが、この通院患者の指導に関しては、釈尊はだいぶ妥協的である。

通院患者が別の医者にかかっていたような場合——たとえば、ウパーリはジャイナ教徒であった——、その別の医者にかかるのをやめろ、とは言っておられないのである。あるいは、シンガーラのように方角礼拝という一種の民間療法をやっている者がいれば、無理矢理それをやめさせることなく、むしろその民間療法をベースに指導をしておられる。「妥協的」という語のニュアンスはわるいが、入院患者の指導に際しては、釈尊には寛容なところがある。その寛容なところが、ひょっとしたら、釈尊は在家信者の教導をおざなりにされていたと、後世の学者たちを錯覚させたのかもしれない。しかし、それは誤解である。釈尊は釈尊なりの方法でもって、通院患者を指導しておられたのである。「我は世間と諍はず」ということばを、指導の放棄と読んではまちがいだ。諍わなくとも、指導はできるからである。

▼通院患者が問題を持ち込む

さて、以上のように整理してみて、そこでわたしの言いたいことがある。

それは、仏教の思想史は、この通院患者（在家信者）のほうを中心にして書くべきではないか……ということである。

というのは、入院患者（出家者）が大事でないわけではない。釈尊の教化の対象の主要部分が入院患者にあったのはもちろんであるが、しかし入院患者は世の中から隔離されている。人里離れた刑務所のなかで、雁字《がんじ》搦《がら》めの規則に縛られておくる生活が、出家者のそれであった。ここでは、人間のほうが規則に合わさねばならない。

したがって、一度制定された規則は、よほどのことがないかぎり、改変されないのである。

だが、通院患者（在家者）はちがう。

通院患者は、みずからの生活のなかでさまざまな問題に直面する。世の中の動きにつれて、通院患者が体験する問題も変化するはずだ。そして彼らは、みずからの問題を釈尊に持ち込んだと思われる。

釈尊なきあとは、……。

釈尊なきあと、通院患者がどうしたか……は、大問題である。これまでに書かれた仏教思想史は、この問題をこういう形でとりあげてこなかった。従来の専門書は、入院患者の治療法・規則にばかり目を向けてきて、通院患者をほとんど無視してきた。だから、釈尊なきあと通院患者がどうしたか……といった疑問は、これまでの仏教学者の眼中になかったと言ってよい。

釈尊なきあと、通院患者がどうしたか……については、いずれ本論で詳しく考察せねばならない。それを書くのが、わたしの『インド仏教思想史』の中心テーマとなるはずだ。しかし、いま序章において、簡単に見通しを語っておけば、釈尊なきあと通院患者たちは、釈尊に代るなにものかをつくりだす必要があった。その必要性は、ちょっと頭をはたらかすだけで、誰にだってわかるはずだ。

なぜなら、病院そのものは、釈尊なきあとは、どうやら合議制――集団指導体制で運営されていたようである。名実ともに「二代目」と呼ばれるような人はいなかったらしい。「二代目」がいないのであれば、通院患者は困ってしまう。その点は、現代の新興宗教の動向をご覧になると類推がきく。「二代目」がいたって、なかなか信者を繋ぎとめられぬものだ……。

▼大乗仏教は通院患者がつくった

ともあれ、釈尊なきあとは、通院患者のほうがイニシアチブ（主導権）をとって、釈尊に代るなにものかをつくりだした――。それがわたしの言いたかったことである。イニシアチブは通院患者（在家信者）が握っていたのだ！　わたしは声を大にして言っておきたい。

だが、これまでの仏教学者たちは、ここのところをどうやら勘ちがいしていたらしいのである。彼らは、イニシアチブは、入院患者のほうが握っていると考えた。それで、その立場から仏教史を書くものだから、釈尊の入滅後数百年して、突如として通院患者（在家者）たちを中心とした運動が展開されたことになり、ちょっとまごつくのである。ひどい場合は、この運動は、釈尊となんの関係もない――と言いだす始末である。

わたしは、大乗仏教のことを言っているのだ。

大乗仏教というものは、わたしに言わせれば、通院患者によってつくられた仏教である。釈尊なきあと、通院患者は、釈尊に代るなにものかをつくったと先程述べたが、そのなにものかは「仏《ぶっ》陀《だ》」である。「仏陀」とは、釈尊をモデルにして、通院患者たちがつくりあげた新しい病院長である。そういうふうに言って、まずまちがいはないであろう。こういうふうに説明すると、なぜ大乗仏教が出現したのかがよくわかってもらえる。ところが、これまでの学者は、入院患者を中心に見てきたから、そこのところがよく説明できなかったのである。説明できないということは、つまり自分でもわかっていなかったのだ。

いささか筆が進みすぎて、話が釈尊入滅後に飛んでしまった。それで、釈尊の入滅後、急に通院患者たちがイニシアチブをとりはじめたかのように読まれそうだ。しかし、性急にそんな結論を出さないでほしい。

ひょっとしたら釈尊の在世中から、通院患者たちがある意味でのイニシアチブをとっていたのかもしれない。そう思われる節がないでもない……。

ここのところでも、わたしは、これまでの学者とはだいぶちがった解釈をしているのである。イニシアチブといったことばでは、いささか強すぎる。しかし、通院患者たちが、釈尊の在世中から積極的に仏教教団とかかわっていたと見たほうがよさそうである。少なくとも釈尊は、通院患者を相手に積極的に法（教え）を説いておられるのである。

ところが、である。

前節にも言っておいたように、残された文献は入院患者たちが継承してきたものである。したがって、通院患者に対しての釈尊の説法は、大部分が失われてしまったのだ。失われたというより、はじめから記録されもしなかったのだ。それで、通院患者の活動が霞んでしまった。わたしはそう見ているのである。

▼へそ曲がりの立場

文献学者というものは、気の毒な人たちである。彼らは、文献に書かれてあることしか信用しない。文献に書かれてないことは、なかったことである。そう考えるのが、文献学の鉄則である。彼らは、そう考えるように訓練されている。

気の毒な……と、わたしは言った。しかし、それはわたしからの感想で、彼らにしてみれば、それであたりまえである。別段、そのことを苦にしているわけではない。

それから、このことも言っておかねばならないが、文献学者もいてもらわぬと困る。わたしはこの序章でだいぶ文献学者の悪口を書いたので、わたしが文献学者の抹殺を叫んでいると錯覚されると困るので、あわてて弁明しておく。そんなことはない。文献学者の存在は、きわめて重要である。文献学者がいないと、いかなる思想史も書けない。したがって、わたしも、本書の執筆ができなくなってしまう。

わたしが言いたいのは、わたしは文献学者とちがった問題意識をもっている、ということである。前にも言ったが、わたしは思想のドラマを書きたいのだ。

仏教の思想の展開を、わたし自身の問題として、それで思想史を書いてみたいと思っている。

だから、である。わたしは在家の人間（通院患者のほう）であるから、その立場からの仏教思想史を書きたいのである。在家の立場ということは、いわゆる大乗仏教の流れに立つわけだ。そして、日本仏教は大乗仏教に属するから、日本仏教の立場から仏教の思想史を見ることになる。それがわたしの立場である。文献学者からは、そんな特定の立場に立って歴史をやるのはケシカランと叱られそうだが、しかしわたしと文献学者とでは問題意識がちがっているのだ。わたしは、E・H・カーに倣って、歴史は「対話」だと思っている。過去と現在との対話が歴史であり、わたしは現代に立って過去と対話をしたいのだ。そしてそのために、わたしはこの『インド仏教思想史』を書きたいのである。

つまり、こういうことである。

釈尊の時代にも、在家の信者はいた。——それはまちがいない。

また、釈尊は、在家の信者に法（教え）を説いておられる。——それもまちがいない。

そこで、その在家信者に説かれた教えを強く前面に押し出して、わたしは仏教思想史を書きたいと思っている。従来の仏教思想史が、出家者を中心とする教団に重点を置いており、大乗仏教興起以前の時代にあっては、在家信者はほとんど無視されてきたことに対するわたしなりの反撥があって、そんな思想史を書きたいのである。どうやらわたしは、相当にへそ曲がりらしい。けれども、へそ曲がりだから、かえって面白い思想史が書けるかもしれない。そう思って、自分で慰めている……。

三　大乗は「仏教」でないのか

▼大乗・小乗ともに非仏説

大乗非仏説論――なるものがある。

文字通り、大乗仏教は「仏説」にあらずと断じた主張である。最初にこれを提唱したのは、江戸時代の町儒者の富永仲基《なかもと》（一七一五～四六）であった。彼は大坂の商家に生まれたが、仏教諸経典を批判的に読みとり、そこに思想の積み重ね的な発展――（仲基の用語では、これは〝加上〟と呼ばれている）――のあることを明らかにし、大乗仏教の諸経典が釈尊直説の教えでないことを結論づけたのである。彼のこの結論は『出定後語《しゅつじょうこうご》』（漢文、二巻）に展開されているが、同書は延享三年（一七四六）刊、彼の三十歳のときの著作である。そしてこの結論は、今日の文献学的な研究の成果と照らし合わせても、決して遜色はないのである。つまり、仲基は、ただ漢訳経典だけを読んで仏教思想史を構成したのである。その仏教思想史が、サンスクリット語（梵語《ぼんご》）の経典を読み、パーリ語の経典を自由に渉猟《しょうりょう》してなされた近代的学問の結論に

(細かなところでは、仲基に誤りはあったにせよ)、ほぼ一致しているのである。いかに彼が天才であったか、われわれは舌を巻かざるを得ない。

それはともかく、江戸時代の富永仲基によって提唱された「大乗非仏説」論は、今日ではもはや常識である。なぜなら、大乗仏教の出現は、釈尊の入滅後、三百年、四百年、五百年の歳月が経過したのちのことである。そんなあとになってつくられた大乗経典が、釈尊その人の説かれたものだとは、誰もそれを信じることはできない。だから、常識的にいって、大乗非仏説論は成立するのである。

ただし、その場合の「仏説」とは、歴史的人物である釈尊の直説のことだ。近年流行の「人間＝釈尊」であって、その「人間＝釈尊」が大乗経典を説かれなかった——というのが大乗非仏説論である。そこのところを、はっきりとさせておいてもらいたいのである。

そして、同時に、もう一つはっきりさせておいてもらいたいことがある。それは、「人間＝釈尊」を前提にすれば、「小乗非仏説」論もまた成立するのである。

どうもわれわれはことばの魔術にしてやられることが多い。「大乗非仏説」と言えば、すぐさまわれわれは「小乗仏説」と即断してしまう。これまで「大乗非仏説」論は、そんな勝手な思い込みを伴なって主張されてきたきらいがあるが、それは誤りなのだ。

「大乗非仏説」——

「小乗非仏説」——

ともに成立するのである。われわれは、その点をしっかりと確認しておく必要がある。

▼五十歩百歩の荒唐無稽さ

小乗経典といえば、いわゆる「阿含経《あごん》」である。「阿含経」の成立は、紀元前四～三世紀といわれている。したがって、釈尊の入滅から「阿含経」の成立まで、そこには百年、二百年の時間のずれがあるわけだ。「阿含経」が釈尊の金口直説である証拠は、どこにもない。だから、「阿含経」を絶対視して大乗経典を嗤《わら》うのは、目糞が鼻糞を嘲笑するに同じである。目糞だとか鼻糞だとか、どうもわたしの文章は下品に流れて困る。しかし、釈尊入滅後の時間の長短だけでもって、大乗仏典を非仏説とし、小乗経典を仏説にちかいとするのは、わたしに言わせれば不公平である。そんなものは五十歩百歩さ……と、わたしはそう思っている。

しかし、……と言う人がいる。大乗経典には、あまりにも荒唐無稽《こうとうむけい》な筋書きが目立ちすぎる。たとえば、『法華経』である。

——その時、仏の前《みまえ》に、七宝の塔《ぼう》あり、高さ五百由旬《ゆじゅん》、縦広《たてよこ》二百五十由旬にして、地より涌出《ゆじゅつ》し、空中に住在せり。種々の宝物をもって之を荘校《かざ》り、五千の欄楯《てすり》ありて、龕室《へや》は千万なり。……。(「見宝塔品」岩波文庫による)

突然、大地が割れて宝塔が出現するのだから、誰だって驚く。そして、その宝塔が馬鹿でかい。

「由旬」というのは古代インドの距離の単位で、一由旬はだいたい十キロメートルになる。したがって、五千キロメートルの高さの宝塔である。日本列島を縦にしても、おっつかないわけだ。そうなると、馬鹿々々しいお伽噺《とぎばなし》を聞かされている気になる。

しかし、である。

この大乗仏典の荒唐無稽さは、ある意味では程度問題である。

小乗経典のうちにだって、いわゆる「神話的記述」はあるのだ。

たとえば、『ダンマパダ・アッタカター』(八・一三)には、釈尊がゴータミー尼とテレパシーでもって話しておられる場面がある。釈尊は香室におられ、ゴータミー尼は布薩《ふさつ》堂にいたのである。それでも釈尊にはゴータミー尼の心のうちがわかり、遠く離れた彼女に教えを説いておられるのである(『ダンマパダ・アッタカター』は、すずき出版刊行の『仏教説話大系』第十二巻に田辺和子訳がある)。ここのところを読めば、大乗経典である『観無量寿経』の次のような場面は、まったくの大同小異と言わねばならぬだろう。

——その時、世尊《せそん》は、耆闍崛山《ぎしゃくっせん》に在《い》まして、韋提希《いだいけ》の心の所念を知り、すなわち、大目犍連《だいもつけんれん》および阿難《あなん》に勅《ちょく》し、空(中)より来らしむ。仏《ほとけ》(もまた)、耆闍崛山《ぎしゃくっせん》より没して、王宮に出でたもう。……。(岩波文庫による)

わたしはまたしても、目糞、鼻糞と言いたくなった。たしかにわたしは、大乗経典のほうに肩入れしているのであるが、そういう贔屓《ひいき》の目で見れば、大乗経典の荒唐無稽さも小乗経典の荒唐無稽さも、つまりは五十歩百歩に思えるのだ。もっとも、贔屓目で見れば、痘痕《あばた》も靨《えくぼ》になってしまうのだから、これは贔屓目で見ること自体がどだいまちがっているのだが……。

▼大乗仏教は堕落した仏教か？

しかし、あまり息巻くのはよそう。

わたしの論理の欠陥は、わたし自身がよく知っている。すなわち、わたしは先入観でもって見ているから、公平な比較ができないでいるわけだ。「目糞・鼻糞」だとか、「五十歩百歩」だとか、わたしはまるで駄々っ子のようなことを言っている……。

公平に見ると、どうなるか？

公平に見れば、やはり小乗経典のほうに分がある。

初期の仏弟子たちは、釈尊の教えをそれぞれが記憶しやすいかたちでの「梗概要領」にまとめあげ、それを伝承してきた。のちに、そのバラバラでまちまちな伝承を統一整備する必要に迫られたとき、「梗概要領」に一定の文学的形式を与え、付属的な説明（文学的潤色、一種の創作）を加えて編集したものが「阿含経」である。だから、「阿含経」は、釈尊の教えをそのままではないにしても、その中心部分には釈尊の教えが含まれていることはまちがいないのだ。その点では、大乗経典とまるでちがっている。大乗経典のほうは、これはもう創作そのものと言わねばならぬだろう。

とすると、程度問題において、小乗は「仏説」にちかいのであり、大乗ははっきりと「非仏説」

になってしまう。

それでは困るのだ。

困る——というのは変な表現だが、それでは仏教思想史を書くわたしの視点に狂いが生ずる。小乗仏説・大乗非仏説を前提にすれば、堕落の極みに達した大乗仏教を救うために、「釈尊に帰れ！」のスローガンを掲げねばならなくなる。そして釈尊は、『法華経』も禅宗も浄土教も説いておられないから、そのような信仰は後世のデッチアゲになってしまう。論理的にそうなるのだ。それでは、わたしの書きたい思想史にならない。つまり、それではわたしは困ってしまうのだ。

では、どうすればよいか？

そこでもう一度、問題を原点に戻して、そもそも仏教とは何か？……と問い尋ねてみたい。わたしは「仏教思想史」を書こうとしているのだが、そこで「仏教」とは何か？……が肝腎の問題である。それを問い尋ねることによって、「大乗非仏説」論がもたらした衝撃が克服できるのではないか……。わたしはそう予想している。

▼超越仏の教え

「仏教」とは何か？　わたしはこれに、同語反覆的に「仏・教」であると答える。すなわち、「仏教」とは、

1　仏の教え

2　仏になるための教え

である。そうした二重構造をもった「教え」が、仏教である。そしてこれは、キリスト教では絶対に成立しない考え方である。なぜなら、キリスト教は、「神（キリスト）の教え」ではあっても、「神になるための教え」ではない。人間が神になれるなどといったことは、絶対にありえないことなのだ。

ところで、問題は、1の「仏の教え」である。じつをいえば、この場合の「仏」をどう解釈するかによって、だいぶ問題がちがってくるのである。

まず普通には、これを釈迦牟尼仏、すなわち釈尊と解することができる。

仏教は、歴史的には釈尊にはじまる。釈尊を開祖とする宗教が仏教であるから、その意味で仏教は「釈尊の教え」「釈尊教」である。そして、この場合、われわれは歴史的に仏教を捉えているのであるから、釈尊はあくまでも歴史的人物としての釈尊である。つまり、「人間＝釈尊」にほかならないのである。

だが、そのように捉えると、結局われわれは大乗非仏説論を主張せねばならなくなる。それでは問題は、再び袋小路に追いやられてしまう。だから、われわれは、ここのところで発想の転換をせねばならない。

思い切って「仏」を、時間・空間を超越した存在にしてしまうのだ。

歴史的な存在である釈尊、釈迦牟尼仏を離れて、超越的・絶対的な仏が存在していると考え、その超越仏・絶対仏の教えが「仏教」だとするのである。釈尊が説かれた教えは、そのほんの一部でしかなかった――と考えることにする。こうすれば、大乗非仏説論を克服することが可能だ。釈尊の時代は、まだ機が熟していなかったので、釈尊は真理（仏法）をほんの一部分しかお説きにならなかったのである。大きな真理は、ずっとあとになって、人々にそれを受け容れる下地ができたとき、別の手段によって超越仏から直接啓示された――。われわれは、そのように考えたいのである。

▼大乗と小乗のちがい

お気づきのように、いま述べた考え方は、大乗仏教の考え方である。大乗仏教では、このような超越的・絶対的な仏を〝法身仏《ほっしん》〟と呼び、歴史的な存在である釈迦牟尼仏を〝応身仏《おうじん》〟と呼んでいる。まあ、そんな専門用語はいまのところはどうだってよいが、（いずれ詳しいことは、本論にはいってその必要が生じたときに述べる）、大乗仏教では「仏」の存在に関して「仏身論」といわれる精緻な理論を組み立てたのである。わたしは、その大乗仏教の仏身論でもって、「仏」および「仏教」を定義したいのである。

つまり、法身仏――時間と空間を超越した絶対的な仏――の教えが、仏教である。応身仏――歴史的に実在した釈迦牟尼仏――の教えは、仏教のほんの一部である。というのが、わたしの出発点である。

そんなやり方はおかしい！　と、ここで抗議の声を発する読者もおられるはずだ。後世に成立した大乗仏教の哲学説にもとづいて、その前にある原始仏教（小乗仏教）を評価するのは、いわゆる結果論というものであろう。そんなやり方は学問的とはいえず、それに公平ではない、というわけである。

だが、はたしてそうであろうか……？

わたしは、そうは思わない。

なんとなれば、大乗仏教と小乗仏教は、キリスト教とユダヤ教ほどもちがった宗教である。もちろん、大乗仏教がキリスト教で、小乗仏教はユダヤ教に相当する。歴史的に、ユダヤ教の伝統のなかからキリスト教が出てきたように、大乗仏教は小乗仏教の伝統のなかから出現した、まったく別個の宗教なのである。

そんなことは初耳だ、と言われる読者がおられるかもしれないが、わたしには、これまでの学者が小乗と大乗を同じ宗教と扱ってきたことのほうが不思議である。誰が見ても歴然とちがっているのだから、同じに扱うほうが無理なのだ。

たとえば、ユダヤ教とキリスト教でいえば、こうなる。キリスト教では、イエス・キリストは「神の子」である。イエスを「神の子」と認めるところから、キリスト教がはじまる。しかしユダヤ教においては、そんな「神の子」なんて認められない。「神の子」が地上に現われるなどといったことは、どうあっても認められないのだ。

したがって、キリスト教の立場に立つか、ユダヤ教の立場に立つかによって、『旧約聖書』の読み方はちがってくる。『旧約聖書』は、ユダヤ教、キリスト教ともに認める聖典である。彼らは同じ聖典を読んでいるが、キリスト教徒はキリスト教の立場で、ユダヤ教徒はユダヤ教の立場からそれを読んでいるわけである。また、それぞれの立場からしか読めないのだ。中立的な立場なんてありえない——。

それと同じである。

大乗仏教と小乗仏教は、まったくちがった別個の宗教である。両者を一つにするのであれば、われわれはユダヤ教とキリスト教を一つにせねばならない。それほど、大乗と小乗はちがっている。そして、両者はまったくちがった宗教なのだから、われわれはいずれの側に立って思想史を書くかを明確にしておかねばならない。イエス・キリストを一人の「預言者」と見るか、「神の子」と見るか、その差によって思想史はまるでちがったものになる。それと同じく、釈尊を「人間＝釈尊」と見るか、超越的な仏が顕現した形態——応身仏——と見るかによって、まるでちがった思想史ができあがる。わたしはそれで、超越的な仏の教えが「仏教」であるとし、釈尊はその「仏教」のほんの一部分を説かれたと考えるのだ。それがわたしの立場である。わたしは最初に、自己の立場をはっきりと明示しておく。

▼過去の諸仏のたどった古径

もう少し述べておこうか……。

わたしの立場は、本論においてもさらに詳しく述べるつもりでいるが、序論の締め括《くく》りとして、「阿含経」から一経をとりあげてみる。

「阿含経」の「相応部経典」のなかには、『城邑《まち》』と題された一経がある。そのなかで釈尊は、ご自分の立場を次のような譬喩でもって説明しておられる。

比丘たちよ、たとえば、ここに人ありて、人なき林の中をさまよい、ふと、古人のたどった古道を発見したとするがよい。その人は、その道にしたがい、進みゆいて、古人の住んでいた古城、園林があり、岸もうるわしい蓮池がある古き都城を発見したとするがよい。

比丘たちよ、その時、その人は、王または王の大臣に報告していうであろう。『尊きかたよ、申しあげます。わたしは人なき林の中をさまよっている時、ふと、古人のたどった古道を発見いたしました。その道にしたがって、ずっと進みゆいてみると、そこには古人の住んでいた古城がありました。それは、園林もあり、岸もうるわしい蓮池もある古き都城でありました。尊きかたよ、願わくは、かしこに城邑《まち》を築かしたまえ』と。

比丘たちよ、そこで、王または王の大臣が、そこに城邑をつくらせたところ、やがて、その城邑はさかえ、人あまた集まりきたって殷盛《いんせい》を極めるにいたったという。比丘たちよ、それとおなじく、わたしは、過去の正覚者たちのたどった古道・古径を発見したのである。

比丘たちよ、では、過去の諸仏のたどってきた古道・古径とはなんであろうか。それはかの八つの聖なる道のことである。すなわち、正見・正思・正語・正業・正命・正精進・正念・正定がそれである。比丘たちよ、これが過去の正覚者たちのたどった古道・古径であって、この道にしたがいゆいて、わたしもまた、老死を知り、老死のよって来るところを知り、老死のよって滅するところを知り、また老死の滅にいたる道を知ったのである。(「南伝大蔵経」第十三巻、一五四〜一五五ページ。ただし、ここでの引用は、増谷文雄『阿含経典』第一巻、筑摩書房、によった)

だいぶ長い引用になったが、釈尊その人がここではっきりと、自分は「過去の正覚者」「過去の諸仏」がたどった古道・古径を発見したにすぎない、と言っておられるのだ。したがって、それは、釈尊の出現される以前からあった教えである。

つまり、釈尊は、古く忘れられていた道(仏教)を再発見されたのである。そして、その道の所在を、われわれに報告してくださったわけだ。

だから、釈尊は、第一レポーター(報告者)である。

最初の報告は、ある意味で不完全である。釈尊その人は、その古道をたどって、「園林もあり、岸もうるわしい蓮池もある」古城を、ご自分の眼で見てこられた。けれども、そのほかの人にとっては、そこはまったく未知の世界である。だから、ちょっと報告を聞いただけでは、わからないのだ。最初の報告が不完全であるのは、したがって報告者のほうが悪いのではなく、それを聞いたわたしたちのほうに問題があったのである。

しかし、時間がたつにつれて、古城の様子がよくわかるようになる。ジャングルのなかの歩きにくい小径であったものが、踏み固められて脚の弱い人間にも歩けるようになる。あるいは、自転車や自動車で行けるようになるであろう……。「道」というものは、そういうものである。

運動競技の記録でも、あるいは登山だって、誰かがいちど壁を破れば、あとはわりと容易にその線まで近づけるものである。

「仏教」の思想史は、わたしはそういうものだと思っている。最初はジャングルの小径であったものが、のちには自動車で走れる大道になるのである。

わたしは、そういう視点から、インド仏教思想史を書こうと思っている。そうでなければ、学者でないわたしが、なにもわざわざインド仏教思想史を書く必要がない。わたしがこれを書くのは、わたしにとっての「仏教」を確立したいためである。そのための「思想史」である——。

第一章　根本仏教の思想構造

一　釈尊の説かれたもの

▼ブラック・ボックス型の宗教

一人の比丘《びく》が托鉢に歩いていた。

それをじっと眺めているバラモンがいた。

場所は、インドはマガダ国の首都＝ラージャガハ（漢訳・王舎城）である。

バラモンは、名をサーリプッタ（漢訳・舎利弗《しゃりほつ》）という。

彼は、当時の有名な思想家、懐疑論者のサンジャヤの弟子である。もっとも、「当時」といったところで、それがいつの時代なのか分明でない。釈尊の生没年については、もう少しあとで述べる。ともかく大雑把に、釈尊の在世のころとしておいていただきたい。釈尊の当時、インドに「自由思想家」と呼ばれる人々が活躍していた。自由思想家の「自由」というのは、インドの伝統宗教であるバラモン教の権威を否定し、バラモン教の聖典である「ヴェーダ聖典」を無視して、独自の思想を提唱したことを意味する。つまり、バラモン教からすれば異端説である。この異端説は、原始仏教聖典のうちに「六十二見」としてまとめられている。また、「六師《ろくし》外《げ》道《どう》」といって、代表的な自由思想家を六人挙げている。その六人は、

1　プーラナ・カッサパ……道徳否定論者
2　パクダ・カッチャーヤナ……元素論者
3　マッカリ・ゴーサーラ……運命論者
4　アジタ・ケーサカンバリン……唯物論者
5　サンジャヤ……懐疑論者
6　ニガンタ・ナータプッタ……ジャイナ教の開祖

である。この六人は、仏教から見て「外道」（異教徒）である。しかし、「自由思想家」という意味では、釈尊その人だってまちがいなく「自由」な思想家であったのだから、インド思想史の文脈の中で見れば、当時のインドには七人の高名な自由思想家たちが活躍していたのである。

バラモン教というのは、「ブラック・ボックス型の宗教」だと思う。……なんだか、最初からわたしは脱線してしまった。サーリプッタから書きはじめようとしたのだが、話が六師外道になり、バラモン教になってしまった。けれども、最初にある程度、時代背景を説明しておいたほうがよい。脱線をむしろ幸いとバラモン教について説明しておく。

ブラック・ボックスというのは、内部の仕組みがわからないものをいう。たとえば、われわれ一般乗客にとって、駅の乗車券自動販売機がそれである。専門家は内部の仕組みを知っているが、わ

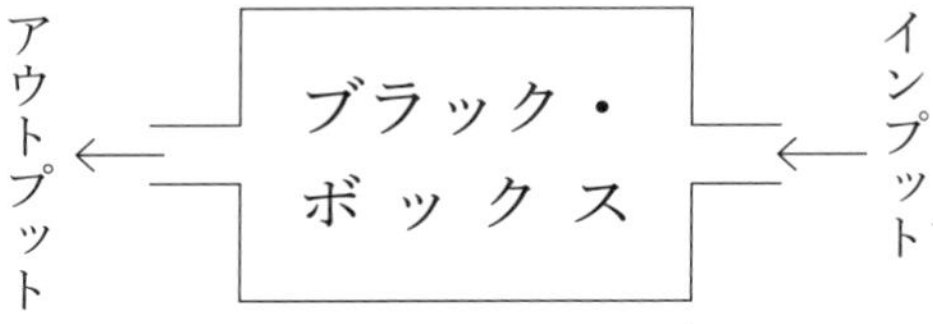

（内部の仕組みは不明）

れわれはなにも知らない。なにも知らないが、お金を入れてボタンを押せば、乗車券とお釣りが出てくる。あれがブラック・ボックスである。あるいは電算機なども、ブラック・ボックスである。電算機の場合だと、インプット（入力）・アウトプット（出力）といったことばが使われる。

さて、バラモン教であるが、バラモン教では「インプット」としてお祈りや供物がある。祝詞《のりと》を唱えて神さまを煽《おだ》てあげ、お供え物を神殿に山と積むのである。そういう「インプット」をすると、五穀豊穣だとか一家繁栄だとか、家内息災といった「アウトプット」が出てくるのである。どういう仕組みで、そんな「アウトプット」が出てくるのか知らぬ。しかし、一定の「インプット」に対して特定の「アウトプット」が保証されているのである。それがバラモン教である。バラモン教というのは、そんなブラック・ボックス型の宗教なのだ。

▼ブラック・ボックスへの疑い

ところで、釈尊の時代になると、多数の自由思想家が輩出した。（すでに述べたように、釈尊その人も自由思想家である。）彼らは、ブラック・ボックス型のバラモン教の権威を認めなかったのであるが、なぜ彼らはバラモン教を拒否したのか……？　たぶんその理由は、時代の経過とともに、ブラック・ボックスに歪みが目立ちはじめたからであろう。

ブラック・ボックスというのは、百円を入れれば百円の切符が、二百円を入れれば二百円の切符が出てきたとき、はじめてブラック・ボックスになるのだ。そのときは、誰も内部の仕組みを知ろうとは思わない。安心してブラック・ボックスのまま使用できるのだ。

ところが、百円を入れて三百円の切符が出てきたり、二百円入れたのに何も出てこないとなると、わたしたちは腹を立てて機械を叩きたくなる。そうなると、もはやそれはブラック・ボックスではないのだ。「故障」の貼り札をせねばならない。

バラモン教は、そうなりかけたのである。

当時のインドは、経済的な発展期であった。

政治的にも隆昌の時代であり、北インドに栄えた十六大国が徐々に統合され、四大国になりかけていたころである。大国の首都は繁栄し、王権が伸長しつつあった。

貨幣経済の進展とともに、物資の流通や人間の交流が盛んになった。

そうなると、人間の生活圏が拡がる。そして、生活圏が拡がると、人間の幸不幸、運不運が偶然に左右されやすくなる。思いがけない災難に出会ったり、一獲千金の夢を見ることもできる。

つまり、百円のインプットで一万円札が出てきたり、逆に五千円ただ取られといったケースが目立ちはじめたわけである。そうなると人々は、もはやブラック・ボックスを信用しなくなる。いったい、内部の仕組みはどうなっているのだろうか?……と、機械の中を覗《のぞ》きはじめたのである。その覗きはじめた人々が、自由思想家たちであったのだ。

たとえば、サンジャヤは懐疑論者であった。彼は、人間には真理を知りえない——と主張した。つまり、「すべてが疑わしい」というのが彼の主張であったが、それを主張すれば、その命題自体が「疑わしい」ものになってしまう。それで彼は、そのようなパラドックスを避けるべく、次のように言っている。これは、彼が釈尊から「死後の世界は存在するか?」と問われたときの返答である。

「もしわたしが、〈死後の世界は存在する〉と考えたなら、〈死後の世界は存在する〉とあなたに答えるであろう。しかしわたしは、そうだとは考えない。そうだろうとも考えない。それとちがうとも考えないし、そうではないとも考えない。そうでないのではないとも考えない」

サンジャヤのこの返答は、古来、「鰻《うなぎ》のようにぬるぬるしていて捕え難い議論」として有名である。彼は「すべてがわからない」と主張しているのであるが、その「わからない」はブラック・ボックスの中を覗いての発言である。したがってある意味では、これはものすごく積極的な発言である。なぜなら、ブラック・ボックスそのものを、彼は疑ってかかっているからである。

▼サーリプッタの帰依

じつをいえば、釈尊もまた、ブラック・ボックスの内部を覗かれたのであった。しかも釈尊の場合は、サンジャヤのように、ただ「わからない」と呟《つぶや》くだけではなかった。ちゃんとブラック・ボックスの内部を分解し、精査して、その構造を明らかにされたのだ。その明らかにされた構造が、

——縁起《えんぎ》の教説——

なのである。しかし、「縁起の教説」については、のちに詳しく述べることにしたい。ここでは筆をもう一度出発点に戻して、サーリプッタからはじめようと思う。

サーリプッタは、懐疑論者のサンジャヤの弟子であった。そして彼は、懐疑論に限界を感じとり、懐疑論を超える確固たる哲学に憧れていた。

そんなときである。

ラージャガハの街で、サーリプッタは一人の沙門《しゃもん》（出家修行者）を見かけた。沙門は托鉢に歩いていた。托鉢中の沙門に声をかけるのは失礼である。それでサーリプッタは、沙門のあとをつけて歩き、沙門が托鉢を了えるのを待って声をかけた。

「あなたの態度は、非常に清々しい。いったいあなたは、誰について学んでいるのか？」

「釈迦族出身の聖者にして、釈尊と呼ばれる大沙門がおられます。わたしの師は、その釈尊です」

「では、その人はいかなる教えを説いているのか？」

「残念ながらわたしは、まだ出家して日浅く、充分に教えを学び尽くしていないのです。だから、それをあなたに説くことはできません」

「では、ほんの断片だけでも説いてください」

そこでその沙門は、次のように偈《げ》（詩）でもって、要約的に釈尊の教えを述べた。

「諸法は因より生ず
如来は其因を説きたまふ
諸法の滅をも亦《また》
大沙門は此の如く説きたまふ」（『律蔵（大品）』第一大犍度。「南伝大蔵経」第三巻、七三ページ）

――いっさいの事物は、原因があって生じる（因縁生《いんねんしょう》なり）。その原因を釈尊（如来）は説いた。そして、その滅却をも釈尊は教えておられる。

それが、その沙門が理解した釈尊の教えであった。

そしてサーリプッタは、たったそれだけを教わっただけで、釈尊の教えのすばらしさが了得できたのである。

彼はただちに親友のマハーモッガラーナ（漢訳・摩訶目犍連《まかもっけんれん》）に連絡をとり、二人して釈尊の弟子となった。二人が釈尊に帰依したとき、サンジャヤの五百人の弟子の半数の二百五十人が、同じく釈尊の教団に投じたという。

これが、釈尊の両腕ともいうべき二大弟子――サーリプッタとマハーモッガラーナの入信の経緯であった。

▼伝道への躊躇

なんだか、突拍子もないところから書きはじめた。仏教思想史は、オーソドックスには、釈尊にはじまる。釈尊から書きはじめるのが、当り前である。

けれども、わたしはあえてそうしなかった。

なぜか……?

この点については、わたしはすでに序論においても触れておいたが、釈尊の悟りの内容は、ちょっとわたしたちには推量できそうにないのである。それは底なし井戸のようなものであって、その深さを推し量ることはわたしたちの能力の限界を超えている。したがってわれわれは、「釈尊は何を悟られたか?」ではなしに、「釈尊は何を教えられたか?」からはじめるべきだと思うのである。

そこのところを、釈尊みずからが次のように語っておられる。これは、釈尊が菩提樹の下で究極の悟りを開かれた(成道)直後の出来事である。そのとき、釈尊は、「孤坐の思索のなかにおいて、つぎのような思いを起された」というのである。

わたしが証《さと》りえたこの法は、はなはだ深くして、見がたく、悟りがたい。寂静微妙にして思惟の領域をこえ、すぐれたる智者のみのよく覚知しうるところである。しかるに、この世間の人々は、ただ欲望をたのしみ、欲望をよろこび、欲望に躍《おど》るばかりである。欲望をたのしみ、欲望をよろこび、欲望に躍る人々には、この理《ことわり》はとうてい見がたい。この理とは、すべては相依性にして、縁（条件）ありて起るということであり、また、それに反して、すべての計らいをやめ、すべての所依を捨てされば、渇愛つき、貪りを離れ、滅しつくして、涅槃にいたるということである。もしわたしがこの法を説いても、人々がわたしのいうことを理解しなかったならば、わたしはただ疲労し困憊するばかりであろう。（「南伝大蔵経」第十二巻、二三四〜二三五ページ。ただし、ここでの引用は、増谷文雄『阿含経典』第四巻、によった）

これが釈尊の「思念」であった。そして経典は、いま散文で述べたところを、次のように偈でもって繰り返している。

「苦労してやっと証得したものを
なぜまた人に説かねばならぬのか
貪りと怒りとに焼かれる人々には
この法を悟ることは容易ではない
これは世のつねの流れにさからい
甚深、微妙、精細にして知りがたく
欲望の激情にまみれたるもの
暗闇に覆われしものには悟りがたい」（同上）

このように考えた釈尊は、その心は「躊躇に傾いて、法を説くことには傾かなかった」のである。釈尊は、ご自分が悟られた真理（法）を、人々に説こうとは思われなかったのだ。説いたところで、凡俗には理解できそうにないからであった。釈尊はそのまま、涅槃にはいる（入滅する）ことを考えられていたようだ。

▼梵天勧請

仏伝文学に親しんだ読者であれば、もうすでに気づいておられるはずである。いま引用した部分は、有名な「梵天勧請《ぼんてんかんじよう》」のエピソードである。釈尊は悟りを開いた直後、ご自分の悟った真理を伝道する気がなかった。「それでは困る」と、梵天は考えた。釈尊が人々に真理を啓示されないと、この世は暗黒のままであり、この世界は滅びてしまう。そう憂えた梵天が釈尊の前に姿を現わし、釈尊に「法を説け！」と勧めたのである。それが、仏伝中の「梵天勧請」のエピソードである。

梵天というのは、インドの神である。

仏伝文学には、梵天だとか帝釈天《たいしやくてん》だとかいった神さまや、あるいは悪魔などがしばしば登場する。近代の学者のうちには、諸天諸神や悪魔の登場を荒唐無稽と断じ、それらの登場しない釈尊伝が「真の釈尊像」だと考えている人がいる。つまり、奇蹟や神話をすべて削除して、あとに残った部分が「人間＝釈尊」の実像だとするのである。

しかし、それは、完全なまちがいである。

なぜなら、古代人の眼には、天神や悪魔がちゃんと見えたのである。わたしたち近代人は、どうにも視力が弱くなって、天神や悪魔が見えなくなった。視力を失った現代人を基準にして、盲目の釈尊像をつくりあげるのはどうかと思う。「人間＝釈尊」というのは釈尊の現代版であって、決して釈尊の実像ではない。釈尊に洋服を着せ、ネクタイをしめさせたようなものである。

閑話休題《それはさておき》――。

さて、梵天は釈尊に、「法を説け！」と勧めた。釈尊は梵天の勧請をうけて、また「衆生に対する哀憐に依りて、仏眼を以て世間を眺め」て、世間には「利根のもの」がいることを知って、法を説く決意をされた。すなわち、釈尊は、エリートのために法を説こうとされたのである。

では、釈尊は、どのような法を説こうとされたのか……？

わたしは、釈尊は、ご自分が悟られた真理の全体像を顕《あらわ》に啓示することを、断念されていたと思う。全体像を啓示できないのであれば、部分的な真理を説いても仕方がない……と、最初釈尊はそう考えられた。しかし梵天は、部分的真理であってもかまわぬから、それを説け！　と勧めたのである。梵天の登場が気になる、というのであれば、「梵天」は釈尊の心のうちの動揺を象徴したものと思えばよい。釈尊は逡巡のすえ、部分的真理を説くことを決意された。

真理の全体像――は、その段階にあっては、啓示不可能である。釈尊はそう信じておられたはずだ。わたしは、この「梵天勧請」を、そのように受け取りたいのである。

▼阿羅漢のレベル

そのことは、次の事実によっても証明できるであろう。

梵天勧請をうけた釈尊は、そこで伝道を決意され、バーラーナシー（ベナレス）郊外の鹿野苑《ろくやおん》に赴かれた。仏伝作者は、釈尊が鹿野苑に行かれたのは、そこにかつて修行をともにした五人の仲間たちがいるのを知っておられ、その五人の仲間に法を説こうと考えての行為だとしている。しかし、釈尊が悟りを開かれた成道の地＝ブッダガヤーからバーラーナシーまで、直線距離にして約二百キロある。釈尊に二百キロの遠方を見る視力があったと信じられない者は、釈尊はなにも考えずにバーラーナシーに来て、そこで偶然、かつての修行仲間に再会したと思えばよい。それはともかく、釈尊は五人に法（真理）を説かれたのだ。そして、その結果を、仏伝作者は次のように語っている。

「世尊此の如く説きたまひ、五比丘（＝五人の修行者）は歓喜して世尊の所説を信受せり。又、〔世尊〕此教を説きたまへる時、五比丘は取（＝執着）無くして諸漏（＝もろもろの煩悩）より心解脱せり。その時世間に阿羅漢は六人となれり」（『律蔵』〈大品第一〉「南伝大蔵経」第三巻、二六ページ）

六人の阿羅漢《あらかん》——。

六人とは、釈尊プラス五人の修行者（比丘）である。

阿羅漢とは、サンスクリット語の〝アルハット（arhat）〟の音写語で、「尊敬さるべき人」の意。小乗仏教における最高の聖者である。

そして、釈尊もまた、ここでは一人の阿羅漢と呼ばれているのである。

つまり、五人の比丘は釈尊の教導をうけ、そして時ならずして釈尊と同じ境地に到達できたのだ。

ということは、釈尊の到達された境地があんがいに低いものであって、容易にそこに近づきうるのか、それとも、釈尊がレベルを下げて法を説かれたのか、いずれかであろう。そしてわたしは、後者に解釈するのである。すなわち、釈尊は、相当にレベルを下げて法を説かれたのだ――と。

では、どの程度にレベル・ダウンされたか？

じつは、鹿野苑で釈尊の教導をうけて阿羅漢となった五比丘の一人に、アッサジという名の修行者がいたのである。

そのアッサジが、ラージャガハの街を托鉢に歩いたのである。

サーリプッタが声をかけた沙門は、このアッサジであった。

そして、そのアッサジは、「わたしはこれだけしか理解していない」と、釈尊の教えを要約的にサーリプッタに告げている。

そうなんだ。その程度にわかれば、阿羅漢になれたのである。それはつまり、釈尊がその程度にレベル・ダウンされたからである。

わたしは、釈尊は真理の全体像を、この段階にあっては啓示されていないと推定している。

二　「宗教」と「無宗教」のあいだ

▼釈迦族出身の聖者

一段落がついたところで、少し基礎的な知識を述べておこう。

仏教は釈尊を開祖とする宗教であるが、その釈尊についてである。

最初に、その呼称――。釈尊の名前は、シッダッタ（悉達多）であったという。しかし、そのような名前は、最初期の文献には出てこない。また、ゴータマ（喬多摩、瞿曇《くどん》）という呼び名があったとされるが、これは当時の修行者仲間での呼称であった。釈尊の家系の姓に由来する呼称であるらしい。

しかし釈尊は、悟りを開いて仏陀（覚者）となった人物であるから、これに適当な尊称を付加して呼ぶのが当然であろう。その意味で、いちばん妥当な呼称は、

――釈迦牟尼世尊《しゃかむにせそん》――

である。釈尊は〝釈迦〟族の出身であった。〝牟尼《むに》〟とは「聖者」の意で、〝世尊〟とは「世人の

尊崇を受ける人」の意味。したがって、〝釈迦牟尼世尊〟とは、「釈迦族出身の聖者にして世人の尊崇を受ける人」の意である。また、〝釈迦牟尼世尊〟をちぢめて〝釈尊〟という呼称を用いてもよい。

日本では、〝釈迦〟という呼称もよく使われる。あるいは、〝お釈迦さま〟ともいう。そう呼んでわるいことはないが、〝釈迦〟というのは釈尊が属した種族の名称であることを忘れてはならない。

ところで、その釈迦族について――。

釈尊の当時、釈迦族はすでに政治的・経済的独立を失って、コーサラ国の支配下にあったらしい。コーサラ国は、マガダ国と並んで、当時のインドにおける二大強国であった。そして釈尊の晩年には、釈迦族はコーサラ国の侵攻をうけて殲滅の憂き目にあっているのである。

だとすれば釈尊は、滅び行く種族のなかに生まれてきたわけだ。社会科学の用語では、種族(tribe)と部族(clan)を使い分けるそうだ(ただし、それほど明確な定義があるわけではなく、学者によって混乱がある)。「種族」とは、政治的・経済的独立を保った共同体で、その独立を失って強国の下部組織に組み込まれてしまえば、それは「部族」だという。したがって、正確に言えば、釈尊は釈迦族という没落しつつある部族の一員であったわけだ。その部族のうちでは、最上層の家柄に生まれたことはまちがいないのだが……。

▼釈迦国と釈迦族

ところが、原初仏教経典の記述だと、ここのところがだいぶ様子がちがってくる。たとえば、「増支部経典」(三集、第四天使品、三十八――「南伝大蔵経」第十七巻、二三四ページ以下)のうちには、釈尊が若き日のご自分の生活を思い出しながら、弟子たちに教えを説かれた場面がある。それによると、出家以前の釈尊の生活は、栄耀栄華のそれとして描かれている。すなわち、釈尊のために三つの宮殿が与えられていた。一つは冬のため、一つは夏のため、もう一つは雨季のためであったという。そして、父王の邸には蓮池があり、青蓮華・紅蓮華・白蓮華が咲きほこっている。釈迦国の太子であった釈尊の着る衣服は、下着にいたるまですべてカーシー産であった。カーシー国は現在のベナレスのことで、当時そこの産物は最高級品とされていた。いわゆる「舶来品」であったわけだ。食事にしても、太子の父の邸では、奴僕・傭人・使用人にいたるまで白米と肉の食事が給されていたという。経典はそう描いているのである。

ちょっとオーバーである。

もちろん、釈尊はそのような生活を捨てて「出家」されたのである。

捨てる――ということを強調するためには、捨てたものの価値を高めておいたほうがよい。これはそのための誇張表現であるのだが、いくらそうとわかっていても、これではあまりにも誇張が大きい。

釈迦国は、釈尊の父がその国の「王」であったという釈迦国は、ヒマラヤ山脈南麓の丘陵地帯、現在の行政区画でいえばネパール領タライ盆地に位置する小国である。東西八十キロ、南北六十キロという面積は、わが国の千葉県くらいの大きさであろうか……。小さな部族国家で、指導者である「王」の地位も、必ずしも世襲制ではなかったという。名門の貴族の一人が推されて「王」の地位に就く、そんな風習のある国であったらしい。学者はそのように推定している。

だから、栄耀栄華といっても、たかが知れている。ほんのちょっとした贅沢が許された程度である。それに、部族全体が落ち目になっていた時期なのだ。先程も言ったように、経典の記述は、釈尊の「出家」という行為を強調するためになされた誇張表現である。そう考えたほうがよさそうだ。

さらに、釈迦族の人種であるが、これはたぶん非アーリア系であったと思われる。この点に関しては、これといった証拠もないので、学者たちはそうはっきりとは断定してくれない。しかし、アーリア系だと積極的に主張する学者は少ない。まあ、非アーリア系だとしたほうが、無難であろう。

また、釈迦族は、稲作の民族であったらしい。こちらのほうは、多くの学者がそう言っている。たとえば、釈尊の父がスッドーダナと呼ばれているが、この〝オーダナ〟というのは「乳粥《ちちがゆ》」である。漢訳仏典では〝浄飯王《じょうぼんのう》〟と、〝飯〟の字がついている。そのことも、釈迦族が稲作民であった証拠になるのである。

▼釈尊の生没年

歴史を見るとよくわかるのだが、新しい文化というものは、いつも辺疆《へんきょう》の地に芽生えてくる。辺疆の地では伝統的な文化の強制が弱いから、新しい状況に直面した人間が、なにか突拍子もない思いつきを実行に移してみることができるからであろう。じつは釈尊の思想のうちに、その「新しさ」が見られるのである。

……と、わたしは話をそろそろ本筋に戻したいのであるが、あと一つだけ基礎知識を補足しておきたい。それは、釈尊の生没年である。

ところが、釈尊の生没年は、これがまったく不明なのである。ある一人の人物の生年なり没年について、二年や三年の異説があることはそれほど稀有ではない。生年か没年のいずれかが不明ということもある。しかし、釈尊については、皆目わかっていないのである。

いや、ただ一つわかっていることがある。

それは、釈尊が八十歳で亡くなられた――ということだけである。その点に関してだけ意見は一致しているが、釈尊の誕生・死亡がいつの出来事であるかについては、もうまったくちがった異説があるばかりである。

代表的な説を並べておく。

a　紀元前六二四年ごろ――五四四年ごろ。

b　紀元前五六六年ごろ――四八六年ごろ。

c　紀元前四六三年ごろ――三八三年ごろ。

これでは、どうしようもないではないか……。aとcでは、百六十年の開きがある。したがって、釈尊はほぼ何世紀の人、といったぐあいにまとめるわけにもいかない。

ａは、インドをはじめとする南方アジアの仏教諸国で採用されている説である。ｂは、基本的に南方仏教の伝承によりながら、諸種の資料を勘案して構成されたものだ。近代の日本や西洋の学者が、おおむねこのｂ説を採用している。ｃは最近になって提唱されたもので、漢訳仏典の資料にもとづいている。

この三説のうち、どの説がいいか……。わたしは、伝統的なｂ説がいちばん妥当と思っている。それでいちおう、このｂ説を採用することにする。

▼調子の悪いブラック・ボックス

インド思想史のなかで見るとき、釈尊の考え方は非常にユニークである。おそらくそれは、釈尊が辺疆の地の没落しつつある部族＝釈迦族の出身であることに関係があるのであろう。わたしはそう思っている。

前節にも述べたが、釈尊の当時、インドの伝統思想はバラモン教であった。そしてバラモン教は、ブラック・ボックス型の宗教である。

現代のわれわれの身の回りには、ブラック・ボックスが氾濫している。駅の自動券売機がそうだし、テレビだってそうだ。われわれは内部の仕組みを知らぬまま、スイッチをひねる（インプット）。すると画像が出てくる（アウトプット）。わたしたちは、ほとんどの機械をブラック・ボックスとして使っているのではなかろうか……。

それで、一九八一年版の『現代用語の基礎知識』(自由国民社)では、「ブラック・ボックス社会」という新語を登場させて、現代社会の特色としている。また、同書の一九八三年版を見ると、「……何を考えているかわからぬ我が子や妻も、『ブラック・ボックス』と呼ぶべきなのかもしれない」

と、慨嘆のことばがあって、苦笑させられた。なるほど、時代はそこまで進んでいるのかもしれない。

ともかく、バラモン教はブラック・ボックス型の宗教である。インプットに祝詞《のりと》やお供物《くもつ》を入れれば、神さまはちゃんとアウトプットとして一家繁栄や子孫殷賑《いんしん》、五穀豊穣《ほうじょう》を授けてくださる。どうしてそうなるのか、信者はその仕組みを知らなくてよい。だからブラック・ボックスなのだ。お祈りの文句さえまちがわなければよい。正確なお祈りの文句を知らぬ一般人は、専門家のバラモンに依頼してお祈り(インプット)をあげてもらえばいいわけだ。そうすると、アウトプットが約束されている。

しかし、釈尊の時代には、このブラック・ボックスがおかしくなってきたのである。いままでは、百円入れれば百円の乗車券が出てきたのだが、どうも機械の調子が悪いらしく、百円入れて押したり叩いたりしても、なにも出てこなくなったのである。その理由は、これも前節に述べたところであるが、要するにインドの社会が経済的に発展して、各人の生活圏が拡大し、人間関係の結びつきが複雑になったせいである。社会構造が複雑になると、どうしても不公平が生じる。ある者は大損をし、ある者はドカッと僥倖《ぎょうこう》にありつく。そんな「偶然」を、ブラック・ボックスではどう説明のしようがなくなったわけだ。

で、どうするか？

どうするか？……といっても、普通には二つの反応しかない。

ブラック・ボックスを前提にして、インプット（入力）のほうを高めて行くのが一つのやり方だ。百円入れたのに何も出てこないのであれば、あと百円追加するのだ。それでダメなら、さらに百円追加する。

おわかりであろう。これが新興宗教の論理である。

お祈りをすれば、病気が治る——と宣伝する。それでも治らなければ、お祈りが足りなかったのだ、と言われる。

もう一つのやり方は、徹底してブラック・ボックスを無視することだ。

宗教におけるブラック・ボックスは、「期待」にもとづいている。百円で百円の切符が出てくるのが普通のブラック・ボックスであるが、宗教の場合だと、百円で一万円の夢を買うのである。二百円だと二万円か……。その倍率は百倍かどうか知らぬが、ともかく少ないお賽銭で大きな効果を期待するのが宗教のブラック・ボックスである。そして、その宗教のブラック・ボックスの調子が悪くなれば、ブラック・ボックスそのものを否定するのが一つの行き方だ。お祈りをしたって無駄なんだから、友よ、大いに楽しくやろうぜ。死なば死んだでなんとかなるさ。生きているあいだは、飲めや歌えやチャンチキおけさ。くよくよしなさんな……ってことよ。
その快楽主義が、一つの行き方である。

▼苦行の放棄

だが、釈尊はちがった。

釈尊は、快楽主義に与《くみ》されなかった。と同時に、ただ闇雲にインプットを倍加する行き方にも賛成されなかった。後者のほうは、苦行主義と呼んでおこうか……。インプットを大きくするのは、単純に苦行主義とは言えないが、快楽主義に対してそう呼んでおきたいのである。

釈尊がとられた方法は、快楽主義でも苦行主義でもない、中道主義であった。

それは、ことばの文字通りの意味で、中道主義であった。

現実に釈尊は、最初は苦行されたのである。さまざまな苦行を修されたが、なかでも断食をよくされた。そのころ、釈尊と一緒に修行していた五人の仲間がいたが——成道後の釈尊が最初に教えを説かれたのは、この五人の仲間である——、彼らが一様に「釈尊は死んだ！」と思ったほど、そんな激しい断食をされたのである。このような苦行は、ブラック・ボックス型の宗教を前提にしてなされるものだ。インプットとしての苦行に対して、神通力といったアウトプットが得られるわけだ。仙人というのは、この神通力を身につけた人間である。だから、苦行によって釈尊は仙人になろうとしておられたわけである。

しかし釈尊は、そんな苦行は真理にいたる大道でないと悟り、それで苦行をやめられた。苦行をやめて、中道を行くと宣言されたのである。

「友よ、それは堕落ではないか――」

五人の仲間たちは、異口同音にそう言ったという。

当時にあっては、苦行の放棄がそのまま「堕落」と見られたのである。つまり、「中道」なんて行き方は、まだ確立していなかったわけだ。

釈尊は、誰人も考えなかった新しい道を行かれようとされたのである。それは、苦行と、苦行の正反対の放恣《ほうし》なる生活との両極端に偏することのない「中道」であった。ゆったりとした大道を歩むことによって、釈尊は真理に到達できると自信をもっておられたのだ。その自信があったからこそ、釈尊は伝統主義的な苦行を放棄できたのである。

とにもかくにも、中道というのは、釈尊によって拓《ひら》かれた新しい道である。インド思想史において、いや人類の思想史において、まったくユニークな「道」である。そして、その道がユニークであったからこそ、その道を歩んで到達した地点も、まったく新しい地点であったわけだ。道がちがえば到達点もちがってくるのだから、これはごくあたりまえのことである。仏教――が人類の思想史において非常にユニークな宗教である理由も、そこのところにあるわけだ。

▼「中道」のもう一つの意味

ところで、いまは「中道」という考え方を、苦行と放恣の両極端を避けたものとして説明した。もちろん、その説明でまちがいはない。けれども、せっかくブラック・ボックスなんてことを言いだしたのだから、そのブラック・ボックスを使って中道を説明しておこう。

前節にも言ったように、釈尊の当時、インドにあったバラモン教という宗教は、ブラック・ボックス型の宗教である。インプットとして神々に供物を捧げ、また神々を褒め称えたことばを捧げる。すると財物的なご利益《りやく》というアウトプットが得られるわけだ。神々を褒め称えるには、神々が喜ぶ文句でせねばならない。煽《おだ》てるつもりで言ったことばが、ときには神々の気にいらぬことがある。そうするとご利益がいただけぬばかりか、罰を下される恐れだってある。そこで、神々を喜ばせることばを知っている専門家が必要になるが、それがバラモンである。バラモン教というのは、そうしたバラモンが中心になって運営する宗教である。

だが、考えてみれば、バラモン教にかぎらず、ほとんどの宗教がブラック・ボックス型ではないだろうか……。

お賽銭……商売繁盛。
ご祈禱……交通安全。
信じる……救い（信ずる者は救われん！）。
祈り……平安（父なる神に祈りなさい！）。
お神酒《みき》……一家繁栄。

インプットとアウトプットとの関係はいろいろあるが、どうやら宗教というものは、たいていブラック・ボックス型だと思う。わたしは、ここにキリスト教まで入れておいた。キリスト教だってブラック・ボックス型の宗教だと思うのだが、ちがうかしら……。もちろん、現代日本の仏教だって、ブラック・ボックス型である。

お布施……死者の成仏。

というところか……。

このブラック・ボックス型の宗教に対して、いわゆる「無宗教」というものがある。どだいブラック・ボックス型の宗教が信じられず、それを無視してしまう思考方法である。先程わたしが、「快楽主義」と呼んだのがそれだ。

つまり、ブラック・ボックス型の「宗教」に対して、これを拒否する「無宗教」があるのである。そして、釈尊の中道は、ある意味でこの「宗教」と「無宗教」のあいだにあったのだと思う。「宗教」と「無宗教」のあいだ――。それは、ブラック・ボックスの内部の考察である。ブラック・ボックスの蓋を開けて、内部をじっくりと観察しようというのが、釈尊の行き方であった。それが釈尊の「中道」ではなかったか……。

だから、釈尊の説かれた教え――すなわち「仏教」は、ふつうの意味での「宗教」ではなかった。ふつうの意味での「宗教」を、インプットを加えてアウトプットを求める行為だとすれば、釈尊の教えはだいぶちがっている。「行為」というより「観察」といった性格が強いのである。

読者も耳にされたことがあると思うが、仏教はしばしば「宗教」ではなしに「哲学」だといわれている。その意味は、まさにここのところにある。つまり、釈尊の仏教は、「宗教」と「無宗教」のあいだにあったわけである。

三　事物の相互依存関係

▼縁起――宇宙の構造

釈尊は、ブラック・ボックスの蓋を開けて、内部の仕組みをじっくりと観察された――。前節で、わたしは、そのように論じた。

さて、この場合のブラック・ボックスとは、いったい何であろうか？

わたしは、それは「宇宙」である――と答えておきたい。それが、いちばん妥当な答えだと思う。宇宙的な規模のブラック・ボックスがあるといってもよいし、宇宙そのものがブラック・ボックスになっているといってもよい。ともかく釈尊は、その宇宙の構造を観察し、その本質を見極められたのである。それが釈尊の悟りであった。わたしはそのように考えている。

つまり釈尊は、大宇宙の真理の全体を把握されたわけである。ぱあーっと全体を、同時に悟られたのだ。

それは、ものすごい情報量であったはずだ。いや、量もさることながら、質の面でもずば抜けて高度なものであったと思われる。

しかし、釈尊は、悟られた全体をそっくりそのままわたしたちに啓示されたわけではない。そんなことをしても、わたしたちにわかるはずがないからである。ものすごい情報量がわれわれの頭に流れ込んできても、わたしたちには処理しきれない。われわれはただただ混乱するばかりである。

だから釈尊は、わたしたち凡夫に理解可能なかたちで教えを説かれた。

譬えをもって言えば、釈尊の悟りは、瞬間的に何万ボルトの電気が流れる落雷現象のようなものであった。それを釈尊は整理されて、わたしたち凡夫が理解できるかたちに組み変えられて、わたしたちに伝えてくださったのである。トランスをつけて電圧を下げ、小さな電流にしてわたしたちに伝達してくださったわけである。

つまり、釈尊は、レベルを下げて教えを説かれたのである。

しかし、レベルを下げながら、なおかつ全体が捉えられる方法でもって、釈尊は弟子たちに教えを説かれたにちがいない。もちろん、弟子たちに真理の全体像が短期間でもってわかったわけではない。多くの弟子たちは、釈尊の教えをただ漠然としか理解できなかった。あるいは、釈尊の教えをほとんど理解できず、ただ教わった通りを信じている弟子たちが大部分であったとも考えられる。しかし、その教えは「宇宙」の構造を示したものであったから、それを信じていれば、いつのまにか全体がわかる仕掛けになっていたのである。わたしは、釈尊の教えはそのようであったと信じている。そして、その教えが、ほかならぬ、

――「縁起《えんぎ》」――

の哲学であった。これこそ、釈尊の教説の中心思想である。したがって、この「縁起」の教えが理解できれば、釈尊の教えは完全に理解できるのである。

この点については、原初経典のうちに次のようなことばがある。

「縁起を見る者は法を見る、法を見る者は縁起を見る」(『南伝大蔵経』第九巻、三四〇ページ参照)

「縁起」の教説が仏教の根本思想であると断言して、絶対にまちがいないであろう。

▼十二縁起は釈尊の教説ではない

ところで、では、いったい「縁起」とは何であるか……?

縁起といえば、われわれはすぐに「十二縁起(十二因縁)」を思い出す。十二縁起とは、

①無明《むみよう》――②行《ぎよう》――③識――④名色《みようしき》――⑤六処《ろくしよ》――⑥触《そく》――⑦受――⑧愛――⑨取《しゆ》――⑩有《う》――⑪生《しよう》――⑫老死

と、十二の項目をたてて、「無明」(智慧のないこと。わたしたち凡夫が、いまだ悟りを開いていないこと)が原因となって、「老死」という苦悩が生起することを説明したものである。

だが、じつをいえば、このような十二縁起の理論は、ずっと後世のものである。釈尊の滅後になって、大勢の学者たちがよってたかって釈尊の教えを整理し、教条化していくなかで形成されたも

のである。現在、多くの研究者は十二縁起をそのように見ているが、たぶんその見方が正しいであろう。なぜなら、もしも釈尊がこんなふうに十二の項目をはじめからきっちりと設定されていたら、思想に発展性はなく、だからのちの大乗仏教などは成立していなかったと思われる。それにだいいち、この十二縁起なるものがよくわからないのである。いったい十二縁起が何を言わんとしているのか……、仏教学者のあいだで古来論議が絶えない。ということは、裏を返せば、十二の項目がそれほど必然性をもって選ばれていないことになる。デタラメというか、ごったまぜというか、十二縁起というものは、どうやらそんなものらしいのである。そんなものが、釈尊の思想の中心だとは思えない。思えと言うほうが無理であろう。

わたしが思うのは、釈尊が教えられた縁起説は、もっと簡潔であっただろうということである。簡潔であったから、発展性があったのだ。そして、簡潔であるから、多くの人々を惹きつけることができたのである。思想というものは、そういうものである。十二縁起は、どう考えても堅苦しすぎるのである。

したがってわたしは、ここでは十二縁起に触れないでおく。先程わたしは十二の項目を羅列したが、あれはのちに必要になったとき、解説することにする。

▼縁起のわかり方

では、釈尊が教えられた「縁起」の教説はどのようなものであったか？

じつをいえば、わたしはそれをすでに語っておいたのである。すなわち、サーリプッタがアッサジ比丘《びく》から教わったことば、

「諸法は因より生ず
如来は其因を説きたまふ
諸法の滅をも亦《また》
大沙門は此の如く説きたまふ」

が、それである。アッサジ比丘は、自分はまだ釈尊の教えを完全に学び尽くしていないと言っていたが、そのアッサジが理解していたのはこれだけであった。だが、これだけを理解できれば、阿羅漢（最高の聖者）になれたのである。ということは、つまりは釈尊は、これだけのことを繰り返し繰り返し説いておられたわけだ。これがわかるだけで、それで仏教（釈尊の教え）がわかったことになる。それほどに、これは重要な教えであったわけだ。

しかし、読者よ、なんだそれぐらいのことか……、と言わないでほしい。なぜなら、この簡単なことを、われわれはたぶん理解できないでいるのだから……。

たとえば、あなたはこんなことばを口にされたことはなかったか。

「わたしはちっとも悪いことをしていないのに、どうしてこんなに苦しまねばならぬのか⁉」

「わたしは、いわれなき迫害を受けている」

たいていの人が、これまでの人生で一度か二度、こんな嘆きのことばを吐いたはずである。しか

し、わたしたちがこのようなことばを口にした瞬間、わたしたちは釈尊の教えを否定したことになるのである。

なぜなら、……。

おわかりであろう。釈尊は、すべてものごとには原因がある——と言っておられるのに、わたしたちは原因のない（いわれなき）苦しみがあると主張しているのである。釈尊が言っておられるのは、悪いことをするという原因に対して苦しみという結果がある、ということである。しかしわたしたちは、悪いことをしない（原因なし）で、苦しみ（結果）があると思っている。つまり、真っ向こうから釈尊に楯突いているわけだ。

要するに、縁起がわかるということは、そこまでわかることである。あらゆる事象に原因があるという簡単な真理が縁起であるが、それをとことんわかりぬくには、相当の努力がいるはずだ。譬えて言えば、タバコが健康に悪いとわかれば、即刻タバコをやめられるはずである。「わかっちゃいるけど、やめられぬ」というのは、馬鹿げたことばである。やめられぬのは、やはりわかっていないからである。

わかる——というのは、そういうことなのだ。

▼「縁起」とは、相互依存関係

「阿《あ》含《ごん》経」のうちには、サーリプッタが仲間の比丘《びく》から質問されて、縁起について教えている場面がある(「南伝大蔵経」第十三巻、一六三ページ以下)。アッサジからあれだけの簡単な教理を聞いて、たちまち釈尊の教えの全容がわかったというサーリプッタである。おそらく彼は、縁起説の理解においては、教団中群を抜いて第一であったと思われる。いや、「智慧第一」といわれるサーリプッタである。あらゆる教理の理解において、彼は釈尊の弟子のなかで第一であった。だから、仲間の比丘たちは、釈尊の代りにサーリプッタに質問することが多かったようだ。

「友、舎利弗《しゃりほつ》(=サーリプッタ)よ」と、一人の比丘が尋ねた。「老死は自作なりや、老死は他作なりや、老死は自作にして他作なりや、将《ま》た老死は自作にも非ず、他作にも非ず、無因生なりや、如何」と。

〝老死〟とは、老いと死である。いかなる人間も老死の苦から逃れることはできない。その老死、すなわち人間苦についての質問であった。

老死は、自作《じさ》(自己がつくったもの)か、他作《たさ》(他者がつくったもの)か、それとも無因生(原因なくして生じたもの)か? この場合、「他作」というのは、たとえば神さまがつくったものと考えてみるとよい。自分が原因か、神さまによるのか、それとも原因なしか……、というのが質問の意味である。質問者は、その三つ以外にありえないと考えていた。だから、「自作」「他作」「無因生」のいずれか一つが、サーリプッタによって答えられるであろうと思っていたのである。

だが、サーリプッタは、その三つのいずれでもない――と答えている。

「生に縁《よ》りて老死あり」

これが、サーリプッタの答えである。

わたしたちこの世に生まれた、そのことに縁りて老死がある、というのである。

そう教わって、質問者は再び問いを発している。

「生は自作なりや、生は他作なりや、生は自作にして他作なりや、将た生は自作に非ず、他作に非ず、無因生なりや、如何」

じゃあ、その「生」のほうは、自作・他作・無因生のいずれか？　そして、おそらく読者は、サーリプッタの返答がどのようなものであるか、だいたいの想像がついておられるであろう。

その生だって、なにかに「縁《よ》りて」ある――。サーリプッタは、そう答えたはずだ。

そう、その通りである。

「有に縁りて生あり」

有（すなわち「存在」）というものに縁って、われわれの生はある。サーリプッタはそう答えている。

そこで質問者は、今度はその「有」を問題にする。有は自作か、他作か、無因生か……と。サーリプッタは、有もまた「縁りて」あるものだと答える。

こう問いつめてみたが、質問者は結局、わからなくなったらしい。なにがわからないかと言えば、その「縁りて」ある――あり方がわからぬのである。つまり、縁起という考え方が、彼にはさっぱり摑《つか》めないでいる。

「いったい、どういうことなんだ……」

彼は、サーリプッタに説明をもとめる。

サーリプッタは、そこで譬喩《ひゆ》でもって説いた。

それが、蘆束《あしたば》の譬喩である。

ここに二つの蘆束があったとする。二つの蘆束は、互いに他に依りかかって立っている。

「友よ、もしそれらの蘆束の中、一を取り去らんか、一は仆《たお》れん。他を取り去らんか、他は仆れん」

それが「縁起」だ——と、サーリプッタは言うのである。互いに他を支えあって立っている蘆束のように、他者に縁りてあるあり方があり、それが「縁起」である。サーリプッタは、そのような譬喩でもって仲間に教えた。

だとすれば、「縁起」とは、現代的なことばでもって言えば、

——相互依存関係——

である。わたしは、「縁起」を、いちおうそのようにパラフレーズ(言い替え)しておきたい。

▼「縁起」の公式

さらに「阿含経」のうちには、次のような縁起の定型句が出てくる。

これあるが故にこれあり。これ生ずるが故にこれ生ず。
これなきが故にこれなし。これ滅するが故にこれ滅す。

わたしはいまこれを、「南伝大蔵経」第十三巻、九六ページより引用したが、じつはこれと同じ表現が「阿含経」の他の箇処にもあるのである。したがって、われわれはこれを「縁起」の公式として、次のようにまとめておきたい。

Aがあるとき、Bがある。
Aが生じる故に、Bが生じる。
Aがないとき、Bがない。
Aが滅する故に、Bが滅する。

これが「公式」である。つまり、二つの蘆束のように、AとBは互いに他を支えあって立っている。それが「縁起」なのである。

では、この「公式」によりながら、釈尊が教えられた縁起説がいかなるものであったか、もう少し具体的に検討してみよう。

まず釈尊は、どういうかたちでこの「縁起」なる理論を発見されたのであろうか……。わたしは、そういうふうに自問してみて、釈尊が釈迦国という没落しつつある部族の出身であったことに、なにか大きな意味を感じるのである。もしも釈尊が、たとえばマガダ国のように、発展しつつある国に生まれておられたら、このような思想・理論に到達されはしなかったであろう。わたしには、そんなふうに思えるのだ。

というのは、発展しつつある社会では、事物の因果関係はあんがいにぼやけて見えるものである。たとえば、日本で高度経済成長時代には、なにか原因があって一つの会社が倒産しても、それが他の会社に大きな影響はなかった。影響が全然なかったわけではないが、一つの取引会社から受けた損失を、別の面でカバーできたのである。

ところが、ゼロ成長の時代になると、Aの会社の倒産がB・C・D……と多くの会社に影響を及ぼす。その相互の連関が、非常に明らかになってくる。人々は、容易にそれに気づくのである。だから、わたしは、釈尊が閉鎖的な、縮小傾向にある社会に生活しておられたから、事物の相互依存関係（＝縁起）を見抜かれたと思っている。もちろん、そのことだけが理由ではない。釈尊の「天才」という要因が第一であることは、それは言わずもがなである。

▼例外のない縁起説

わたしは現在、マンションに住んでいる。

マンションに住んでいると、隣りの人の顔も知らないことがある。わたしは、まあ両隣りの人は知っているが、階上の人や階下の人は完全に知らない。

しかし、田舎に行くと、そんなことはない。

田舎では、たいていの人が顔見知りである。家族構成から収入まで、あるいは隣家の夫婦喧嘩までが、互いに知りあっているのである。

そんな田舎で、たとえばAさんとBさんが仲違いをしたとする。そうすると人々は、AさんとBさんの昔の関係を思い出すのだ。十数年の昔、AさんはBさんにこんなひどい仕打ちをした。それが原因で、いまAさんはBさんから仕返しをうけているのだ。……といったふうに、村人たちはあんがいに正確な裁判官であったりする。

ところで、ここのところを、わたしが先程述べたことば——「わたしは、いわれなき迫害を受けている」——と較べていただきたい。いわれなき迫害というのは、Aさんが十数年前にBさんにしたひどい仕打ちを忘れているからである。忘れているから、それがいわれのない迫害と思えるわけだ。

あるいは、こんなこともあるだろう。

AさんがBさんにひどい仕打ちをした。Bさんに同情したCさんが、Aさんに仕返しをした。このような場合に、Aさんはどう思うだろうか……。「わたしはちっとも悪いことをしていないのに……」と、愚痴をこぼすことになりそうだ。

けれども、ほんとうをいえば、すべて事件にはつながりがある。いや、つながりがありそうだ。なんの因果関係もない、孤立した事件を考えるほうが、かえってむずかしいのではなかろうか……。

釈尊は、釈迦国という閉鎖的な部族のなかで生活しておられたから、そのような事件と事件のあいだの、事象と事象とのあいだの相互依存関係に気づかれたのだと思う。そして、そのことについて沈思黙考された。あの怜悧《れいり》な頭脳でもって、事物の相互依存関係を深く省察された。

その結果、――。

釈尊は、最終的に断定された。

この世にあって、すべての事象は相互に依存しあって存在し、生起する――。

大胆な断定である。ほんとうに、そのように断定できるのだろうか……。一つの事象も例外はないと、どうして言えるのか……。わたしたちは、つい、そんなふうに考えてしまう。

しかし、釈尊は断定されたのだ。

すべての事象が、他者に依存して存在し、また生起する――。

それが「縁起」の理論である。

釈尊はそれを発見し、わたしたちにそれを呈示してくださったのである。

四　縁起と四諦

▼論理的相互依存関係

釈尊が発見され、人々に教えられた教説は、「縁起《えんぎ》」の理法であった。「縁起」とは、これを「事物・事象の相互依存関係」とパラフレーズ（言い替え）できるから、したがって釈尊の説教は、

——すべての事物・すべての事象は、相互に依存しあって存在している。

と要約できる。あるいはさらに言い替えるなら、

——それ自身だけで、他の事物・事象と関係なしに存在しているものはない。

ということになる。これが釈尊の教えの根本であった。

さて、このような縁起説は、われわれ現代の視点から眺めるならば、次の三つの側面を持っている。

a……論理的相互依存関係
b……空間的相互依存関係

c……時間的相互依存関係

少しく解説をつけておく。

まず、aの論理的相互依存関係であるが、これはたとえば、「長い」と「短い」といった関係である。われわれは一メートルの棒を、ごく普通の意味では「長い」と見るが、しかし横に二メートルの棒があれば、それはとたんに「短い」棒になる。逆に五十センチの棒に対しては、一メートルの棒は「長い」わけだ。だとすれば、一メートルの棒には、「長い」「短い」といった性質はないことになる。つまり、「長い」「短い」は相対的なものであって、絶対的に「長い」ものはないし、絶対的に「短い」ものもない。

賢明な読者は、ここまで言えば気づいておられるであろうが、これは、のちの「般若経」において展開される「空《くう》」の思想である。「空」とは、存在そのものには長い・短い、浄らか・不浄、大きい・小さい……といった性質がないことを教えたものである。わたしたち人間が、勝手に事物を分別《ふんべつ》（差別《しゃべつ》）しているわけである。

しかし、じつは、釈尊の時代にあって、縁起の教説はそこまでの展開を遂げていない。aの論理的相互依存関係は、釈尊の教説のうちでは、いまだ萌芽的でしかなかった。釈尊は種子を蒔いておかれたのであって、それが発芽するのはずっとあとになってのことである。

▼縁起説の根拠

では、釈尊は何を教えられたのか？

釈尊の教えられた縁起の哲学は、bとc、すなわち事物・事象の空間的相互依存関係と時間的相互依存関係である。現代的な説明をここに持ち込めば、空間的相互依存関係とは、生態学（エコロジー）でいう「食物連鎖」に相当するだろう。植物プランクトンが動物プランクトンの食料となり、そしてその動物プランクトンを魚が摂取する。さらには人間が、その魚を食べる。このようなピラミッド型の図式を食物連鎖と呼んでいる。

ご存知のように、このような食物連鎖の過程のどこかに、たとえば水銀、カドミウム、放射性物質などの有害物がとり込まれた場合、人間は高濃度に濃縮された水銀やカドミウムを摂取してしまうのである。その結果が、中毒症状としてのイタイイタイ病や水俣《みなまた》病の発生である。この世の自然界・生態系は相互に関連しあっていることの、これが一つの証明である。

日本語には〝縁〟ということばがある。人と人とのつながり・関係をいった語だ。「親子の縁」だとか、「師弟の縁」といったように使われる。縁起のうちの空間的相互依存関係は、この「縁」をいったものである。

もう一つは、時間的相互依存関係である。

これは、現代的に言えば、「因果律」である。

あらゆる事象が、原因なくして生起しないことを教えたものである。

ところで、問題は、空間的相互依存関係・時間的相互依存関係が、ほんとうに例外なしに成立するのかどうか……である。

縁起説において、「あらゆる」「すべての」「いっさい」の事物・事象といわれているが、なにを根拠に「すべて」と断言できるのであろうか……。たとえば、「すべてのクモは八本足である」といった命題を考えてみよう。かりに、六本足のクモが見つかればどうなるか？ じつは、その場合でも、別段困ることはない。定義的にクモは八本足とされているのだから、六本足のクモが発見されても、それはクモではないとすればよいのである。その新種に、たとえば〝クモモドキ〟という命名をすることによって、われわれはそれを処理できるわけだ。

同様に、「すべての人間は二本足だ」といった命題だって、簡単に処理できる。四足歩行をする動物は、あくまでサルにすればよいのである。

けれども、縁起説では、そううまくは行かない。「存在するものはすべて相互依存的である」というのが縁起説であるから、かりに一つでも、独立的・固定的・実体的な存在が見つかれば、縁起説は成立しなくなる。問題は、したがって、そういう例外があるかないか……である。そして釈尊は、例外はないと言われたのである。だが、釈尊は、なにを根拠にそう言われたのであろうか？

▼パラドックスとその解法

それと、もう一つの疑問がある。

いっさいの事物・事象が相互依存的存在だということは、いわばこの世のあらゆるものが「相対的」であることを意味している。つまり、「絶対的」なものはないのである。

だとすれば、縁起の法則はどうなるか？

縁起の法則もこの世のものであるのだから、それもまた「相対的」であるのか……。相対的だとすれば、絶対的真理ではなくなり、場合によっては縁起の法則が当てはまらぬこともありうる。逆に、縁起の法則が絶対だとすれば、この世に「絶対」があることになり、すべてが相対的だという縁起の教説が自己矛盾になる。

これは、パラドックスである。

じつはこのパラドックスは、二十世紀の現在にあっては、解法が見つかっているのである。

現代イギリスの数学者・哲学者のバートランド・ラッセルが集合論の分野で「階型理論」なるものを提唱したが、それを使えばパラドックスは解ける。しかし、それをここで解説すれば、あまりに数学的・哲学的で、多くの読者の顰蹙《ひんしゅく》を買いそうである。したがって、それには触れないでおく。もし、どうしてもその点を知りたいという読者がおられたら、増原良彦氏の『あべこべの論理』（ＫＫベストセラーズ）に面白い解説があるので、それをお読みいただきたい。

もっとも、わたしがここで、ラッセルによるパラドックスの解法の解説をやめた理由は、面倒だから……という理由だけではない。面倒なことも事実であるが、どうしても必要であれば、いくら面倒な仕事でもそれを放棄できないはずだ。わたしがそれをやめたのは、それをやる必要性を感じなかったからである。

では、なぜ必要でないのか？　考えてみてほしい。釈尊その人は、二十世紀の集合論といった新しい学問を知っておられない！　したがって、われわれも、それを知る必要はないのだ。われわれにとっては、釈尊はどう考えられたか……といったことが、まず第一の関心事である。

釈尊は、ここのところをどう考えられたか……？

その点に関して、一つ面白い経典がある。それを紹介しておこう。

▼毒矢に射られた人間

それは『摩羅迦《まらか》小経』と題された経典である（『中部経典』六三、『南伝大蔵経』第十巻、二二二ページ以下）。

「摩羅迦」というのは、人名である。マールンクヤを音写したものだ。

彼は哲学青年であった。いや、青年かどうか、わからない。経典のどこにも、彼の年齢は記されていない。

彼は、釈尊に問い尋ねた。

――世界は常住なりや、無常なりや。

――世界は辺有りや、無辺なりや。

――霊即身《れいそくしん》なりや、霊と身とは各別なりや。

――如来は死後も存するや、死後存せざるや。

こんな哲学的疑問を、彼は心にあたためていたのである。だから、「若い」とわたしは思ったのだ。マールンクヤを、わたしは勝手に青年にしてしまった。

世界の「常住―無常」というのは、時間的に宇宙は永遠か否かを尋ねたものである。それに対して、空間的に有限か無限かを尋ねたのが、「辺有り―無辺」の問いである。第三の問いは、「霊魂と肉体」の問題であり、第四は死後の世界に関する疑問である。

そして、ある日。

マールンクヤは釈尊の許に訪れた。かねがね自分はこのような問いを呈してきたが、一度も世尊から明確な解答をしてもらえなかった。きょうまた、世尊が答えてくださらない場合は、自分はこの教団を去るつもりです――。彼はそのように言ったのだ。マールンクヤは、だいぶ思いつめていた。

釈尊は言われた。

「マールンクヤよ、わたしはそなたに、世界は有辺か無辺か、といった問題に答えてやるから、わたしの許に来て修行するように……と言っただろうか？」

「いいえ、そうではございません」

やや出端《でばな》をくじかれたかたちで、マールンクヤは答えた。

「マールンクヤよ、ここに一人の男がいたとしよう……」

そこで釈尊は、譬喩でもって青年に教えられた。

「猶人あり、毒を厚く塗られたる箭《や》を以て射られたりとせよ、彼の親友、同僚、親族、血縁は彼の為に箭医を迎へに遣るならん。されど彼は、『予を射しかの人が、王族なるか、婆羅門《ばらもん》なるか、庶民なるか、或は奴隷族なるかを知らざる間は、此の箭を抜取るべからず』と語るとせよ。又、彼は、『予を射しかの人が、如何《いか》なる名、如何なる姓なるかを知らざる間は、此の箭《や》を抜取るべからず』と語るとせよ。……」

仏典の記述は、例によって繁雑である。このあと、

――彼を射た犯人の皮膚は黒か、黄か?

――犯人は村里の人か、城市の人か?

――その弓は、どんな弓か?

――弓の弦は何か?

――箭はどのような箭か?

と、くだくだしい質問をつづけている。ともかく、そんな質問にこだわっていて、医師の治療を拒めば、その人は死んでしまうだろう。

「それと同じなんだよ」と、釈尊はマールンクヤを諭《さと》された。

「世界は常住か否か、霊と身とは別ものか同じか、そんな問題にかかずらっていては、そなたも修行を完成することなく、命を終わってしまうだろう」

われわれ凡夫は、ちょうど毒矢に射られた人間のようなものだ。哲学的な問題に頭を痛めるより

前になすべきことが一つある。それはすなわち、まず毒矢を抜き取ることである。釈尊はそう言っておられるのである。

▼釈尊の説かなかったもの

だとすれば、わたしたちも、釈尊が教えられた縁起の教説に例外があるかないか……と、変に考えこむ必要はない。釈尊はマールンクヤに語っておられる。

「其故に是に、予によりて説かれざるを説かれざるままに受持すべし、又予によりて説かれしを説かれしままに受持すべし」

と。

釈尊が教えられたものを、教えられたままに——。

釈尊が説かれなかったものを、説かれなかったままに——。

それが、わたしたちの基本的な態度でなければならない。釈尊自身が、わたしたちにそうせよと命じておられるからだ。

したがって、縁起の教説についても、それが宇宙の全体に例外なく当て嵌《は》まる法則であるかどうか、理論物理学者のような問いを発する必要はないのである。釈尊は、そんな理論物理学的問題を解こうとされたわけではない。釈尊は、矢で射られたわれわれ凡夫の傷を、なんとか手当てして、そして治すことを考えてくださったのだ。その治療という目的の範囲内で、すべての存在は他者に依存している、あらゆる事物・事象が相対的である、といった縁起の法則が成立するのである。その範囲を越えたところの問題は、釈尊はなにも発言しておられない。

予（釈尊）によりて説かれざるを、説かれざるままに受持せよ――。それが釈尊の命令である。釈尊が説いておられない点をあれこれ穿鑿《せんさく》するのは、仏教徒としてはケシカラヌ行為である。

では、釈尊は何を説かれたか？

「然らば予によりて説かれしものとは何ぞや、曰く、『是は苦なり』と予によりて説かれたり。『是は苦の集なり』と予によりて説かれたり。『是は苦の滅なり』と予によりて説かれたり。『是は苦滅の道なり』と予によりて説かれたり」

この四つが、釈尊の説かれたものである。すなわち、――。

①苦　②苦の集（原因）　③苦の滅　④苦滅の道（方法）

周知のごとく、これが「四諦」と呼ばれるものである。〝諦《たい》〟とは、「真理」の意。この〝諦〟の原語は〝サトヤ（satya）〟であって、わたしは〝サトヤ〟をもじって〝さちや〟なる筆名をつくりだした。〝ひろ〟は、フィロソフィー（哲学）の〝フィロ（philo）〟からとったもの。これはギリシア語で「愛する」という意味である。それ故、〝ひろさちや〟は、ギリシア語＋サンスクリット語で、「真理を愛する」といったすばらしいペン・ネームである。（自分で言っているのだから、世話ないやね……）

まったく無用な脱線をしてしまった。お許しあれ！

▼生・老・病・死の四苦

ともかく、釈尊が教えられたことは、「四諦」――すなわち「四つの真理」である。釈尊自身が、マールンクヤにそう断言されているのだ。

しかも、注意しておいてほしいのは、その背景に毒矢で射られた人間がいる点である。われわれ凡夫は、釈尊の眼で見れば、毒矢に射られた人間なのだ。そのような人間には、応急の手当てが必要である。その応急の手当てとして説かれた教えが、ほかならぬ四諦であるわけだ。そこのところを忘れないでほしい。

つまり、四諦は「治療法」である――。

その治療法の範囲内で、縁起の教理が説かれているのだ。治療法を超えた外の領域で、はたして縁起の理論が成り立つかどうか……といった穿鑿は、まったく不必要な「遊び」である。釈尊はそのように見ておられるようだ。

そういうわけで、わたしたちは次に「四諦」の教えを検討したい。その検討を通じて、いったい縁起の教説がなにを言わんとしているのかを、明らかにしたいと思う。

さて、四諦の第一は、「苦諦」――苦に関する真理である。

これは簡単だ。一切皆苦《いっさいかいく》――すべてが苦である、というのがそれである。

そこで、釈尊は、まず基本的な四つの苦（四苦）を列挙された。

①生《しょう》　②老　③病　④死

この四つである。この四つのうち、老・病・死については、なんの説明もいらない。それらはまちがいなく苦である。

しかし、「生」が苦だというのは、そうすんなりとは納得できない。

これは、こういうふうに考えてもらいたいのである。

インド人は、人間は輪廻《りんね》するものだと考えた。いや、人間が輪廻するのではない。人間というのは、輪廻する生命の一形態であって、輪廻の過程では人間以外の形態をとることもある。その生命形態には、

天――人――畜生――餓鬼《がき》――地獄

の五つがある。天というのは、いわゆる天人であって、人間よりも長寿であり、かつまた快楽の人生を送れる存在である。最低の天人――（天人にもランクがある）――でも、九百万年の寿命が保証されている。

畜生は、牛や馬で代表される。あるいは、トンボやセミ、魚や鳥もこの畜生のうちにはいる。

餓鬼《がき》は、いつも飢えている存在である。

地獄――（地獄といえば場所の概念のように思われているが、地獄で苦しめられている生きものも〝地獄〟の名で呼ばれる）――は、最悪の苦しみをうける存在である。地獄の住人の寿命は、最低で一兆六千二百億年である。

輪廻するというのは、この五つのどれかに生まれることである。畜生や餓鬼、地獄に生まれた者が、大きな苦しみにあうのはもちろんである。しかし、人間や天人に生まれた者だって、やはり苦しむのだ。なるほど天人は、人間よりも快楽が大きい。だが、その天人も最後には死ぬのだし、死ぬときの苦しみは人間よりもはるかに大きい。

だとすれば、生まれるということは、五つある刑務所のいずれかに入るのと同じなわけだ。地獄という刑務所（最低で一兆六千二百億年の刑期）、餓鬼という刑務所、畜生という刑務所、人間という刑務所、天という刑務所（最低で九百万年の刑期）があるわけだ。どの刑務所に入るかによって、待遇はだいぶちがう。ものすごく待遇のいい刑務所もあるが、われわれはいずれも死刑囚なのだ。ある朝、突然、

「きょう、あなたを処刑する」

と告げられる。その宣告を待っているのである、わたしたちは……。

生・老・病・死——の「生」は、つまり刑務所に入ることである。刑務所に入って、処刑の日を待っていて、そして処刑される（死）。処刑になった瞬間、わたしたちはまた別の刑務所に入る（生）のである。

生——は苦である。そう考えれば、わかってもらえるだろう。

釈尊は、まず、基本的な苦として、生・老・病・死の四苦を挙げられたのである。

▼すべてが苦である

生・老・病・死の「四苦」に加えて、釈尊はあと四つの苦を列挙しておられる。

⑤愛別離苦……愛する者と別離することは苦である。

なるほど、その通りである。しかも、別離は必ずあるのだ。わたしが先にこの世を去るか、わたしの愛する者がわたしより先に死んでいくか……。人間が死すべき存在である以上、別離は必然である。

⑥怨憎会苦《おんぞうえく》……怨《うら》み・憎《にく》む者に会うことは苦である。

これもまた、当然のことだ。面白いことに……と言ってよいのかどうか、われわれには必ずといってよいほど憎い奴がいるのである。職場にしろ、同窓会にしろ、趣味のサークルにしろ、あいつさえいなければよいのに……と思う奴がいる。そして、そいつに会うのが苦しみなのだ。

ときには、苦しみを自分で意識していないことがある。道徳的な人は、人を憎んではいけませんと自己抑制をかけているから、憎い奴を特定しないでいる。その結果、胃が痛みはじめたりする。身心相関現象で、心理的ストレスが肉体の変調をもたらしたわけだ。

わたしは、むしろ憎い奴を特定したほうがいいと思っている。釈尊ははっきりと「怨憎会苦」を言っておられる。憎い奴がないのは理想だが、釈尊がこれを言っておられることは、いずれの人間にも憎い奴がないわけではないのであろう。安心して憎い奴を特定してよい。それをどうのり超えるかは、そのあとの問題である。つまり、「憎い奴をつくってはいけません」というのは道徳である。仏教は宗教であって、そんな道徳とは無縁だ。「憎い奴は厳としてある」——という事実から出発するのが、仏教であり宗教である。わたしはそう考えている。

⑦求不得苦《ぐふとくく》……求めて得られざるは苦である。

マイ・ホームが欲しい、マイ・カーが欲しい、……。われわれはさまざまな物質的欲望をもっている。そして、その欲望が充足されないときに、苦を感じる。

だが、そんな物質的欲望だけが欲望ではない。課長になりたい、部長になりたいというのも欲望であろう。物質的欲望がわりと充たされている現代日本にあっては、むしろこうした地位・ポストを求める出世欲のほうが問題かもしれない。いや、いつの時代にあっても、物欲のほうがたいがいはコントロールしやすいらしい。物欲や性欲を抑制できた高僧でも、最後まで名誉欲に悩んだそうだ。そんな話を耳にしたことがある。

現代の若者たちには、〝青い鳥シンドローム（症候群）〟が見られるという。自分がいま置かれている状態に満足せず、どこかほかの場所に「幸福の青い鳥」がいると考えているらしい。大学を卒業して入った会社に満足できず、もっといい職場があるにちがいないと夢みて、入社後数カ月で辞めていく若者が多くなったというのである。これもたぶん欲望なのであろう。しかし、それにしても、奇妙な欲望である。なにが欲しいのかさっぱりわからぬ欲望だから、充足のしようがない。まさに文字通り、「求めて得られない」欲望である。贅沢きわまる欲望だ。

⑧五取蘊苦《ごしゅうんく》……「五取蘊」とは、つまりは「五蘊」のことである。五蘊は、

含めたもの。

a 色《しき》……物質一般。あるいは身体を意味する。われわれの肉体と、われわれをとりまく環境を

b 受《じゅ》……感受作用。単純な感覚。

c 想《そう》……表象作用。心に浮かぶ像。

d 行《ぎょう》……受・想・識以外の心のはたらき。主として意志作用。

e 識《しき》……識別作用。西洋哲学でいう認識の作用。

の五つをいう。したがって五蘊とは、われわれの肉体と精神と環境をひっくるめていったものであり、人間存在の五つの構成要素である。われわれ凡夫はこれに執着するから、これを〝五取蘊〟と呼ぶのである。〝取〟は執着の意。だから、「五取蘊苦」とは、なにもかも一切が苦であることを言ったものだ。

▼人生は「苦」ばかりじゃない

「四苦八苦」ということばがある。非常な苦しみの意である。そのことばの由来は、仏教の「苦諦」(苦に関する真理)にある。

生・老・病・死――の四苦がある。それに愛別離苦・怨憎会苦・求不得苦・五取蘊苦の四つを加えて八苦になる。これが四苦八苦である。四苦プラス八苦で十二苦になるわけではない。

ともあれ、仏教は「苦」から出発する。われわれの人間存在そのものが苦なのだ。そのように仏

教では断定するのである。これを認めないことには、仏教ははじまらない。

だが、――。

われわれは、すんなりとこれを認めることができるであろうか……。「でも、そう言ったって……」と、わたしたちは言いたくなる。「そんなこと言ったって、この人生には楽しいこともあるよ」と、ブツブツ呟《つぶや》きたくなるはずだ。

心理学者は、こんなことを言っている。

或る学者は十歳より九十歳までをふくむ男女九百人に、或る日をとってその一日を八期にわけ、或いは或る週をとってその各日、一年の各月などを指定して、そのなかで想起される最も代表的な感情的出来事を+5（甚だ快）から−5（甚だ不快）までに点数で評価して記入させたところ、年齢や身分、素養の如何にかかわりなく、その総点は零以上になっていて、快調な出来事の想起率は不快調のものに優ることを示した。……（中略）……。

このように、快調な記憶を多く想起する傾向はかなり一般的なものらしく、これを記憶における楽天性とよぶ人もある。

（相良守次『記憶とは何か』岩波新書）

時間は過去を美化してくれる。あの苦しかった敗戦後の時代も、四十年近くたった現在から眺めると、なんとなく甘くなつかしい時代である。若い人にはそう言ってもわからぬであろうが、その若い人々だって過ぎ去った高校時代や中学時代は、やはりなつかしいだろう。受験勉強の苦しみも、思い出のなかでは美化されてしまっている。

そういうものである。そして、そういうものだとすれば、仏教でいう「苦諦」は意味を失ってしまいはしないか……。人生には苦しみもあるが、また楽しいこともある。そして、平均すれば、楽しいことのほうが多い——。そんな結論になりそうだ。心理学者が、そう教えてくれている。

では、どう考えればよいのか？

▼求めて得られぬ快楽

じつは、この点に関しては、ギリシア哲学に一つの範があるのである。

ギリシア哲学において、人生の目的は快楽にあると主張したのは、アリスティッポスの唱道したキュレネ派である。この派の哲学者たちは、いろんな角度から快楽を分析した。そうすると、どうしようもない矛盾が出てきた。

たとえば、あまり快楽を求めすぎると、苦痛が生じる。その点は、われわれも二日酔いなどで経験ずみである。麻薬中毒だって、同じことだ。麻薬による快楽を求めはじめると、その必要量がますます増大し、また禁断症状が激しくなる。だから、快楽を求めるな！……という結論が自然に出てくる。麻薬でなくたって、酒やタバコでも同じことだ。

それから、腹いっぱいのときは、もう何も食べたくなくなる。腹いっぱいのときに、ご馳走攻めにあうのは苦しい。酒の場合だって、「まあ、まあ、最後にもう一杯」とやられると、まったく参ってしまう。快楽は苦痛と裏腹になっているわけだ。

そんなわけで、キュレネ派の哲学者のヘゲシアスは、こんな主張をした。

——快楽は求めても得られぬことが多いから、むしろ苦痛のない状態で満足すべきで、それもかなわぬ場合は自殺せよ！

と。

これが、哲学史上「快楽主義的逆説（hedonistic paradox）」と呼ばれているものである。

けれども、われわれはなにもギリシアに範をとる必要はなかったのだ。釈尊その人が、わたしたちに教えてくださっているのだから、仏典から引用すればよかったのである。

それは『大食』と題された「相応部経典」のなかの一経である（「南伝大蔵経」第十二巻、一三九〜一四〇ページ。ただし引用は、増谷文雄『阿含経典』第四巻による）。

コーサラ国のパセーナディ王は大食漢であった。腹いっぱいの食事をつめこんだあと、王は釈尊のもとに訪れた。彼は苦しそうに、ハアハア息をしている。

そんな王を見て、釈尊は言われた。

「人はつねにみずから懸念して
量を知って食をとるがよい

さすれば、苦しむことすくなく
老ゆることおそく、寿を保たん」

いわゆる「腹八分目」の教えである。

そういえば、いまの『大食』と題された経のすぐ前には、『五王』と表題のついた経がある。パセーナディ王を含めた五人の王が、「欲愛の第一」すなわち最高の快楽は何か？……と議論をはじめたというのである。五人はそれぞれ、色（肉体）・声・香・味・触（接触）が欲愛の第一なりと主張した。甲論乙駁《ばく》で決着がつかなかったので、彼らは釈尊のもとに訪れる。釈尊に裁定してもらおうというわけだ。

釈尊は言われる。

「大王よ、我は心好き限度を欲愛の第一といふ」

と。「心好き限度」を、増谷氏は「快き適度」と訳しておられる。つまり、快楽には限度があり、適度があるわけだ。それを超えると、快楽はとたんに苦痛に転ずる。

ということは、要するに快楽なんてないことにならないか……。バランスが保たれていること、仏教の用語で言えば「中道」であろうが、それが快楽の条件だとすれば、快楽そのものは存在しないことになる。本質的にあるのは「苦」であって、それが条件的に快楽になるわけだ。ヘゲシアスの「快楽は求めて得られぬ場合が多いから、苦痛のない状態で満足せよ」ということばが、ここでものすごい説得力を発揮する。釈尊が言われた。

――すべては苦である――

という命題は、このように考えれば納得できそうだ。

▼苦には原因がある

しかし、である。わたしはいささか衒学《げんがく》的でありすぎるようだ。もっと直截《ちょくせつ》に語ることができたはずだ。

――「無常」――

ということを言えばよかったのである。この世に存在するものは、すべて無常である。だから、すべてが「苦」なのだ。

あなたの愛する子どもがいる。孫がいる。目のなかに入れても痛くないほどかわいい。けれども、その子どもと、いつかはあなたは別れなければならないのだ。あなたが先に死ぬか、子どもが先に死ぬか……。いずれにしても、別れは厳然としてある。

あるいは、あなたが大邸宅を持っているとする。それは結構だ。しかし、その大邸宅も、いつかは崩壊するのである。火事にあう可能性も大きい。地震学者に言わせると、東京を地震が襲うことは、そう遠くない将来に充分考えられることだそうだ。

幸福と快楽――。それがないわけではないが、無常の世の中にあっては、永遠の幸福と快楽はない。だとすれば、その裏にはべったりと「苦」が刻印されている。いつか失われる快楽や幸福は、かえって苦しみなのだ。幸福と快楽を主張する者は、その「無常」という絶対的な真実を忘れているか、故意にごまかしているだけのことだ。済んだ透明な眼で眺めれば、この世のあらゆる事象は「無常」なるが故に「苦」である。それをはっきりと認識させねばならない。そして、釈尊の教説は、ここから始まるのである。

さて、……。

「すべては苦である」――と、釈尊は言われた。では、なぜ、そのような「苦」があるのか？

そこで読者は、前節に言及したあの「縁起の公式」を思い出してほしいのである。

①Aがあるとき、Bがある。②Aが生じる故に、Bが生じる。③Aがないとき、Bがない。④Aが滅する故に、Bが滅する。

この公式の①②のBに、「苦」を代入する。

そうすると、

①Aがあるとき、苦がある。

②Aが生じる故に、苦が生じる。

となる。つまり、苦の原因としてのAが仮説されたわけだ。したがって、われわれは、そのAが何であるかを考察すればよいのである。

じつをいえば、これが四諦の第二の「集諦《じったい》」である。〝集《じゅう》〟とは、「原因」「理由」の意であって、だから「集諦」とは、

——苦は、なんらかの原因があって生じたものだ。

ということである。「この世にあって、すべての事象は相互に依存しあって存在し、生起する」といった「縁起」の理論によるかぎり、原因のない苦なるものは考えられない。必ずなんらかの原因に依存して、われわれの「苦」が生起してくるわけだ。釈尊はそのように教えられたのである。

▼苦の原因としての〝愛〟

では、その苦の原因とは何か？

それは〝愛〟である——と、釈尊は言っておられる。

愛するから、人間は苦しむのである。そのように言えば、たぶんたいていの人が頷《うなず》いてくれると思う。親は子を愛するが故に苦しむ。恋人だって、異性を愛するから苦しむのだ。

けれども、じつは〝愛〟ということばは、それとはちょっとちがうのである。現在わたしたちは、〝愛〟という語を英語の〝ラブ（love）〟と同義に使っているけれども、ほんらいの日本語としての〝愛〟はそうではなかった。その点については、『岩波・古語辞典』に詳しい解説がつけられているから、参照していただきたい。

あい〔愛〕……儒教的には親子の情などのように相手をいたわり、生かそうとする心持をいい、仏教的には自分を中心にして相手への自分の執着を貫こうとする心持をいう。仏教では「愛」を必ずしもよいこととは見ていない。また、概して優位にあるものが弱少のものをいとおしみ、もてあそぶ意の使い方が多かったので、キリスト教が伝来したとき、キリシタンはキリストの愛を「愛」と訳さず、多く「ご大切」といった。

これでわかるように、仏教では〝愛〟を自己本位な心のはたらきと見ている。少しく胸に手をあてて考えてみれば、わたしたちが持つ〝愛〟がエゴセントリック（自己中心主義的）であることに気づくはずだ。したがって、仏教では、「愛してはならぬ」と教えているのである。にもかかわらずわれわれは、子を愛し、妻を愛し、親を愛する。そしてその故に、苦しまねばならぬわけだ。

代表的な原初経典である『法句経（ダンマパダ）』は、〝愛〟について次のように言っている（荻原雲来訳、岩波文庫による）。

愛より憂を生じ、愛より畏を生ず、愛を離れたる人に憂なし、何の処にか畏あらん。（二一二）
親愛より憂を生じ、親愛より畏を生ず、親愛を離れたる人に憂なし、何の処にか畏あらん。（二一三）
愛楽《げう》より憂を生じ、愛楽より畏を生ず、愛楽を離れたる人に憂なし、何の処にか畏あらん。（二一四）
愛欲より憂を生じ、愛欲より畏を生ず、愛を離れたる人に憂なし、何の処にか畏あらん。

渇愛より憂を生じ、渇愛より畏を生ず、渇愛を離れたる人に憂なし、何の処にか畏あらん。（二一五）（二一六）

仏典には繰り返しが多い。いま引用したところは、〝愛〟ということばを次々に置きかえて、同じことを繰り返しているわけだ。置きかえられたことばには、少しずつニュアンスの差があるので、それを解説しておく。『新・仏教辞典』（誠信書房）を参考にした。

〝愛（piya）〟……自己・血族・親族に対する血縁的愛情。
〝親愛（pema）〟……他者に対する友情。
〝愛楽（rati）〟……特定の個人に対する愛情（恋愛）。
〝愛欲（kāma）〟……性的な愛。
〝渇愛（taṇhā）〟……病的で執着になった愛。

要するに、〝愛〟にはさまざまな形態があるわけだ。そして、いずれの〝愛〟も「苦」をつくりだす。そのことだけはまちがいがない。なぜなら、形態はちがっても、いずれも〝愛〟であることにちがいはないのだから……。

▼渇愛が基本的な愛

ところで、〝愛〟ということばは、どうもややこしい。われわれ現代人としては、先程引用しておいたような古語としての〝愛〟を忘れてしまっているからである。いま、わたしたちが〝愛〟という語を耳にすれば、たぶん大部分の人が、

「汝の隣人を愛せよ！」

と教えたイエス・キリストのことばを想い浮かべるのではなかろうか……。残念なことに、

「愛するな！」

と教えた釈尊のことばを想い出す人は、なきに等しいであろう。

まあ、それが時代の流れだから、どうしようもないわけだ。

そこで、われわれは、〝愛〟の代りに〝渇愛《かつあい》〟といった語を使用することとしよう。なんだかキリスト教のほうに日本語をとられてしまった感じがしないでもないが、あまり僻《ひが》まぬことだ。

いや、それより、〝渇愛〟を使ったほうが概念ははっきりする。先程並べた、

愛――親愛――愛楽――愛欲――渇愛

において、根源的・本来的な様相といえば、やはり〝渇愛（taṇhā）〟である。この語は、のどのカラカラに渇《かわ》いた人間が水を求める、いわば執念のごときものを呼んだことばである。そのような執念は、〝愛〟〝親愛〟〝愛楽〟〝愛欲〟のうちにも含まれている。だから、ときに、爆発的に表面に出てくるのである。

つまり、〝渇愛〟が人間の基本的な愛であり、そしてそれが原因となって「苦」を生みだすのだ。釈尊はそのように教えられたのである。

▼渇愛の原因は無明

すべては苦である――。

苦は原因ありて生起する――。

その原因は、〝渇愛〟(病的で執着となった愛)である――。

われわれは、ここまで考察を進めてきた。だいぶ遠回りをしたけれども、このところは仏教の基本思想であるから、遠回りもやむをえない。

さて、つぎの問題は、「渇愛」にもまた原因があるか否か……である。われわれは縁起の公式――Aが生じる故に、Bが生じる――をもとにして、そのBに「苦」を代入して、原因であるAをさがし求めたわけである。そして、それが「渇愛」であることを知った。もちろん、これはわれわれの独創ではない。釈尊の教えがそうなっていることを、われわれは再確認したまでだ。たぶん釈尊その人も、縁起の公式を縦横に駆使しつつ、「苦」とその原因である「渇愛」にまでたどりつかれたはずである。そして釈尊は、そこでもう一度、縁起の公式を使われたにちがいない。

――Aが生じるが故に、B(渇愛)が生じる。

と、Bに「渇愛」を代入されて、Aを求められたはずである。きっとそうされたであろうと、ここのところはわたしの推理である。なぜなら、釈尊は非常に論理的な方だからである。

では、その渇愛の原因は何か？　釈尊は、何が原因で渇愛が生じるとされたか？

じつは、ここのところで、伝統的には十二縁起がでてくるわけだ。十二縁起とは、前にも述べたように、

①無明《むみよう》――②行《ぎよう》――③識――④名色《みようしき》――⑤六処《ろくしよ》――⑥触《そく》――⑦受――⑧愛――⑨取《しゆ》――⑩有《う》――⑪生《しよう》――⑫老死

という十二項目で構成されている。われわれがここで「苦」と呼んでいるものは、十二縁起では⑫の老死であり、その苦の原因である「渇愛」は⑧の愛である。だとすれば、この十二縁起によると、⑧の愛の原因は⑦の受であり、受の原因は⑥触、そしてその原因は⑤六処、……ということになる。最後に「無明」にたどりつくわけだ。

けれども、前にも言ったように、わたしは、釈尊はかかる繁雑なる十二縁起を説かれなかったと思っている。この十二の項目は、暗記するだけでも大変である。しかも、暗記してみたところで、別段どうってことはない……。悟りがそれでパアッと開けるわけでもない。いや、そんなことを言うより、この十二縁起を暗記したところで、仏教の修行に役立たないのである。なにをどう実践してよいかわからぬものを、釈尊が説かれたはずがない。わたしはそう思っている。

だから、「愛」＝「渇愛」の原因は、釈尊はずばり「無明」であると言われたにちがいないのだ。これもわたしの推理である。しかし、この推理には、大きな根拠がある。というのは、「無明」と

は「無智」の意であり、正しいものの見方ができないことをいう。そして、この正しいものの見方については、いまわれわれが考察している四諦のうちの道諦において言及されているのである。つまり、正しいものの見方ができれば無明がなくなり、そしてその結果、渇愛がなくなり、ひいては苦がなくなる。それで充分筋道が通るのである。無明から愛までのあいだに、なにもややこしい項目を立てる必要はない。わたしはそう考えている。

▼無明は智慧の欠如である

では、その「無明」の原因は何か……？　落語の『浮世根問』のようであるが、われわれはいちおうその点も考えておかねばならない。十二縁起は無明からスタートしているから、たぶん無明が根源的な原因だと想像はつくが、どうしてそれが根源的原因と言えるのか、考察をする必要がある。

結論を言えば、というより結論はすでに言ってしまったが、無明には原因がないのである。

なぜか？　それは、無明というものが欠如態だからである。

無明は闇のようなものだ。闇は光の欠如態である。光があれば、とたんに闇はなくなる。その意味で、闇には原因がない。

それと同じことだ。

智慧さえあれば、無明はなくなる。智慧がないから無明なので、智慧があれば無明ではない。無明は、智慧の欠如に依存して存在している。

そのことは、たとえば〝長い〟〝短い〟といった関係を考えてみればわかる。われわれは、ごく普通には、一メートルの棒を長いとみる。けれども、横に二メートルの棒があると、とたんにそれは短い棒になるのだ。つまり、〝長い〟〝短い〟は相対的なもので、それがまさに「縁起」の教説にほかならないのである。

――A（長い）があるから、B（短い）がある。

――A（長い）がなければ、B（短い）もない。

といった公式が適用されるわけだ。そして、この公式を使えば、

――A（智慧の欠如）があるから、B（無明）がある。〔すなわち、「智慧がないから、無明がある」〕

――A（智慧の欠如）がなければ、B（無明）もない。〔すなわち、「智慧があれば、無明はない」〕

という命題が導きだされる。無明と智慧とは、そのような関係にある。したがってわれわれは、智慧を獲得さえすれば、無明を克服し、ひいては渇愛を克服し、さらには苦を克服できるのである。

重要なところなので、もう一度、ここまでの四諦の解釈を繰り返しておく。

〈第一・苦諦〉すべては「苦」である。

〈第二・集諦〉「苦」には原因がある。その原因は何か？「渇愛」であり、「渇愛」の原因は「無明」である。しかし、「無明」には原因がない。なぜなら、「智慧」があれば「無明」はなくなるか

らである。そこで、逆に言えば、「智慧」をもつことによって「無明」をなくし、「無明」がなくなることによって「渇愛」がなくなり、「渇愛」がなくなれば「苦」もなくなる。だとすれば、わたしたちは「智慧」をもちさえすればよいのだ。

……と、以上のようにまとめることができるだろう。ここまで、われわれは考察をすすめてきたのである。

▼滅諦と道諦

ところが、である。

じつは、以上のようにまとめると、ある意味ではまとめ過ぎになるのである。

というのは、いま述べた「〝智慧〟があれば〝無明〟はなくなる」といった立言は、〈第四・道諦〉において言及すべきことを先取りしているのである。また、「〝無明〟がなくなることによって〝渇愛〟がなくなり、〝渇愛〟がなくなれば〝苦〟もなくなる」というのは、〈第三・滅諦〉で言われるべきことなのだ。つまり、〈第二・集諦〉は、読み方によっては、そのなかに〈第三・滅諦〉と〈第四・道諦〉を包含していると見ることができる。また、そこまで読みこんでおかないと、四諦のほんとうの意味はわからないであろう。

しかし、この点についてはあとでもう一度触れることにして、ここでざっと〈第三・滅諦〉と〈第四・道諦〉を解説しておく。

〈第三・滅諦〉は、「苦の滅に関する真理」である。これはつまり、〈第二・集諦〉を裏返しにしたものである。「苦には渇愛という原因がある」というのが第二諦であったが、それを逆にして、「苦の原因である渇愛を滅尽することによって、苦がなくなる」と教えたのが第三諦である。

つづいて、〈第四・道諦〉がある。〝道〟とは「方法」の意であって、苦の原因を滅却する道が述べられている。

その方法は、「八正道《しょうどう》」と呼ばれている。八つの修行法である。

1　正見《しょうけん》……正しいものの見方である。欲望にくらんだ眼で事物を見ると、それは歪んでみえる。曇りのない、澄んだ眼で、わたしたちは事物を正しく見なければならない。

では、どうすれば、正しくものを見ることができるか……？　それは、八正道のうちの2以下の項目を実践することによって可能である。たとえば、正しいことばづかい――。嘘をついていると、われわれの考え方は甘くなってしまう。厳しい現実をあるがままに認識できないからだ。あるいは、正しい生活――。暴飲暴食、徹夜の麻雀。そんな生活をしていると、つい安易なものの考え方になる。そのように考えるなら八正道のうちの2～8の実践によって1の正見が身につくわけだ。と同時に、われわれは1の正見をもたずには、2～8の項目を実践できない。たとえば、6の正精進《しょうしょうじん》を考えてもらうとわかるであろう。これは正しい努力である。しかし、われわれは、努力さえすればよいのではない。試験の前にカンニング・ペーパーを一所懸命につくっている者がいるが、あれはまちがった努力である。あんなことをやるよりは、ちょっとでも勉強したほうがましなのに、本人はそれに気づいていない。つまり、正見ができないわけだ。

だから、1の正見によって、われわれは2〜8を実践できるのである。そして、2〜8の実践によって、われわれに1の正見が生まれてくる。八正道は、そんな相互の高まりを予定したものである。

だが、……。

たぶん、読者も気づいておられるはずだ。2〜8の実践によって正見が得られ、正見がなければ2〜8は実践できないとすれば、最初の正見はどのようにして得られるか？　いささか論理が矛盾していないか、と。

じつは、正見のうちには、正信が含まれているのである。いちばん最初には、われわれには正見がない。そこで、最初の段階にあっては、釈尊の教えが正しいと信じるのである。釈尊の教えをもって、自分の「正見」とすればよい。そうして、2〜8を実践すれば、おのずから正見が得られるようになる。その意味では、最初のスタートは「正信」である。仏教は、釈尊の教えを信じることからはじまるのだ。

2　正思惟《しょうしゆい》……〝正思〟ともいう。正しい思索であり、決意である。

3　正語……正しい言語活動。嘘をついてはならぬのはもちろん、阿諛《あゆ》（おべっか）、追従《ついしょう》、お世辞の類も禁じられている。

4　正業《しょうごう》……正しい身体的活動。

5　正命《しょうみょう》……正しい日常生活。

6　正精進《しょうしょうじん》……正しい努力。わたしは思うのだが、いちおう生活が安定しているのに、なおもガツガツと金儲けにはげむ日本人のエコノミック・アニマル的努力は、正精進とは言えそうにない。餓鬼《がき》の努力であって、人間の努力ではないようだ。

7　正念《しょうねん》……一般的に言えば、正念とは、うっかり、ぼんやりをなくすことである。しかし、八正道における正念は、つねに四諦の教えを忘れずに念頭においていることである。われわれは、うれしいことがあったとき、人生が「苦」であることを忘れがちになるが、それではいけないのだ。

8　正定《しょうじょう》……正しい禅定。つねに坐禅をすること。

▼裏命題は必ずしも正しくない

くどいようだが、もう一度話をもとに戻す。

考えてみたいのは、〈第二・集諦〉と〈第三・滅諦〉の関係である。

〈集諦〉……苦の原因は渇愛である。これを言い換えると、──→「渇愛があるから、苦がある」となる。

〈滅諦〉……苦の原因である渇愛を滅尽すれば、苦もなくなる。──→「渇愛がなければ、苦がない」

さて、この二つの命題を比較してみよう。比較の便のために、命題a、命題bとする。

命題a……渇愛があるから苦がある。

命題b……渇愛がなければ苦がない。

論理学では、このような命題を条件式という。「もし――ならば、……である」といった形をとるのが、条件式である。

そして、論理学の教えるところによると、たとえ命題aが正しいとしても、命題bは正しいかどうかはわからないのである。正しい場合もあるだろうし、正しくない場合もある。

たとえば、このような例で考えてもらうとよい。

命題c……風が吹けば花が散る。

命題d……風が吹かなければ花は散らない。

命題cは正しいとする。風が吹けば、必ず花が散る――とする。しかし、命題cが絶対に正しいとしても、命題dが正しいかどうかは保証のかぎりではない。風が吹いていなくても、誰かが木の幹をゆさゆさとゆすっていれば、花は散るのである。

これは、初歩の論理学である。命題cに対して命題dを〝裏〟という。論理学では、裏命題は必ずしも正しいとは言えない、と教えている。この程度の論理学は、高校ででも習うところである。

そして、仏教の四諦において、集諦（命題a）に対して滅諦（命題b）は裏命題になっている。その関係は、命題cと命題dとの関係と同じなのである。

したがって、命題a（集諦）が正しいとしても、命題b（滅諦）は必ずしも正しいとは言えないのだ。命題ｂは、正しいこともあるし、正しくないときもある。

ところが、不思議なことに、これまでの仏教学者は、この初歩の論理学の知識でもって指摘できる点を、誰も触れていないのである。どうして誰も触れようとしないのか、不思議でならない。まさか仏教学者の全員が、論理学を勉強しなかったとは思えないのだが……。

▼「渇愛」イコール「苦」

まあ、それはともかくとして……。

われわれは、命題ａ（集諦。渇愛があるから苦がある）が正しいとしても、それでもって命題ｂ（滅諦。渇愛がなければ苦がない）が必ずしも正しいとは言えないことを知った。命題ｂは正しいこともあるし、正しくないこともある。

ところが、である。四諦において釈尊は、命題ｂが絶対的に成り立つ（正しい）と断言されている。とすれば、釈尊がまちがわれたのであろうか……。

そんな馬鹿なことはない！　釈尊がまちがわれたとしたら、もはや仏教はなくなってしまう。釈尊の教えの正しさを信じることから、仏教ははじまるのである。

では、どうすればよいのか？

命題ｂが成立する条件を、もう一度考えてみよう。

答えは簡単である。命題ａだけでは、命題ｂは成立しない。しかし、命題ａに次の命題ａ′を補う

と、命題ｂは成立する。すなわち、

命題a′……渇愛以外のなにものも、苦をもたらすことはない。あるいは、渇愛だけが苦をうみだす。

である。この命題a′があると、命題ｂが出てくるのだ。

だが、……。

再び論理学の議論になるが、いま述べた命題a′は、論理学的には命題ｂと同じものである。すなわち、

命題a′……「渇愛以外のなにものも、苦をもたらすことはない」⟷「渇愛がないと苦がない」……命題ｂ

という関係になる。つまり、命題ａに命題a′を補うということは、命題ａに命題ｂを加えたことと同じなのだ。だから、命題ｂが出てくるのは、あたりまえである。なにもいちいち感心することはない。

ところで、命題ａに命題ｂ（＝命題a′）を加えるとどうなるか？　論理学では、これは双条件命題といわれるもので、

—渇愛があるとき、かつそのときにかぎり苦が生じる。

といった表現になる。あるいは、もっと大胆に言えば、

——渇愛イコール苦。

と表現できる。「渇愛」と「苦」がまったく同じものだということになるのである。

つまり、四諦の第二と第三を一つにまとめて、われわれはこれを、

「渇愛があるとき、かつそのときにかぎり苦が生じる」あるいは「渇愛と苦は同じものである」

と言えるわけだ。論理学的に整理すれば、こうなる。でも、これが釈尊の真意であろうか……?

▼論理学的矛盾

こんな例文で考えてみよう。

「致死量の青酸カリを飲んだとき、かつそのときにかぎり死ぬ」

これは、二つの命題を総合したものである。

命題m……「致死量の青酸カリを飲めば死ぬ」

命題n……「致死量の青酸カリを飲まなければ死なない」

しかし、命題nのほうは、正しいとは言えない。心臓を出刃包丁でグサリとやれば人は死ぬし、首を吊っても死ぬ。青酸カリだけが人の死の原因ではない。

もう一つある。

「種子《たね》を蒔《ま》いたとき、かつそのときにかぎり発芽する」

という命題も、
命題o……「種子を蒔けば発芽する」

命題p……「種子を蒔かなければ発芽しない」

の二つの命題に分解できる。しかし、この場合は、命題oのほうが正しいとは言えない。蒔いた種子をカラスがやって来て、ほじくって食べると、発芽するわけがない。

このように、ごく普通の原因―結果の関係においては、双条件法は成立しないのである。双条件法が成立するのは、いわば定義的な命題である。たとえば、

「夫が先に死んだとき、かつそのときにかぎり未亡人となる」

といった命題がそれである。「夫が先に死ぬこと」イコール「未亡人」であるから、このような命題が成立する。

なんだか、ややこしい議論ばかりして、読者の頭を悩ませているようで気がひける。簡単に言えば、四諦のうちの〈第二・集諦〉と〈第三・滅諦〉を組み合わせると、「渇愛」イコール「苦」といった結論が出てくる。では、「渇愛」と「苦」が同じものである―というのが釈尊の真意であったか？　どうもそうだとは断言できないのであるが、「渇愛」と「苦」を原因―結果の関係だとすれば（そして、このほうが釈尊の考え方に近いと思われるのだが……）、〈第二・集諦〉からは、〈第三・滅諦〉が出てこないのである。すなわち、渇愛を滅尽したところで、苦がなくなる保証はないわけだ。

では、どう考えればよいのか……？

まさか釈尊が、論理的な誤りをされたはずはない！

そこで出てくる発想が、四諦が宇宙論ではなしに、医療の体系だという仮説である。そこのところを、次節で考えてみよう。

五　苦悩の病理学

▼左脇腹の痛み

もうだいぶ前の話であるが、ある年の正月、わたしはちょっとした腹痛に悩まされた。

十二月三十一日、つまり大晦日の晩まで、編集者がわが家にやって来て企画の打ち合せをし、元旦もなにもあったものではなく、締切りに追われて原稿執筆をしていた。そのためかどうか、三が日も過ぎたころ、左の脇腹に鈍痛が感じられた。最初はほおっておいたのだが、どうも気になるので、一月の十日であったか、近くの医院に行った。

「考えられる原因は、三つほどあります。一つは尿管結石で、もう一つは便秘、さらにもう一つはたんなる筋肉痛です」

医者はそう言って、念のための尿管結石の検査をやってくれた。

結果は、たんなる筋肉痛であった。そうわかると、いつの間にか痛みを忘れてしまった。

いつもながらの変な書き出しであるが、わたしはなにも自分の健康について語るつもりはない。

そうではなくて、一般に医学の治療法を考えてみたいのである。

左脇腹の痛み——というのは、「結果」である。この「結果」に対して複数の「原因」が考えられる。医学では、まずその「原因」を究明せねばならない。原因がはっきりしないと、治療のしようがないのである。たとえば、筋肉痛であれば、軽い運動をしたり、姿勢を正しくすることによって治る。便秘が原因であれば、下剤を服用すればよい。しかし、そのときわたしはむしろ下痢気味であったから、そんな場合に下剤の服用はよくない。尿管結石が原因で起きた痛みであれば、手術をするか、薬物投与で治療すべきである。原因に応じて、それぞれにふさわしい治療法があるわけだ。

と同時に、ここで注意していただきたいのは、原因が除去されると、結果としての症状もなくなっていることである。つまり、

(原因) 尿管結石——→(結果) 左脇腹の痛み

(原因除去) 手術により尿管結石をとる——→(結果の消滅) 左脇腹の痛みがなくなる

ということになる。これは、医学の場合について言えることであって、その他の事象においては、必ずしもこのことは成立しない。その点は前節に詳しく論じておいたが、念のためもう一度、一つの事例を挙げておくと、

(原因) 風が吹く——→(結果) 花が散る

(原因除去) 風が吹かない——→(結果の消滅) 花が散らない

とはならないのである。風が吹かなくても、誰かが桜の木をゆさゆさとゆすってやれば、それでも花は散るからである。

▼四諦と医学の関連

ところで、これまでわれわれは、釈尊の根本教説である「四諦《したい》」を検討してきたのであった。

四諦とは、「四つの真理」の意味で、文字通り四項目でもって構成されている。
1　苦諦《くたい》……苦に関する真理……われわれ凡夫の生存は苦である。
2　集諦《じったい》……苦の原因に関する真理……苦は原因によって生じる。その原因は渇愛《かつあい》（病的で執着となった愛。欲望）である。
3　滅諦《めったい》……原因の滅に関する真理……苦の原因である渇愛を滅却すれば、結果としての苦もなくなる。
4　道諦《どうたい》……原因を滅却する方法に関する真理……その方法は八正道である。
われわれは、この四諦のうちの「集諦」と「滅諦」とがどのように関連しているかについて、根本的な疑問を抱いたのである。すなわち、形式だけで言えば、
集諦……原因があって結果がある。
滅諦……原因をなくせば結果もなくなる。
となるのである。ところが、この滅諦は、どう考えてもおかしいのだ。風が吹けば花は散るが、

風が吹かなければ花は散らない――とはならないのである。論理学的に、滅諦はまちがいだということになる。しかし釈尊ほどの人が、どうしてそんなまちがいを犯されるであろうか……!? これはきっと、わたしたちの解釈がちがっているのである。そう考えて、わたしは医学の方面に目を向けたのであった。

読者には、もうおわかりなはずだ。

医学の領域にあっては、「集諦」と「滅諦」が矛盾なく成立するのである。

つまり、こういうことだ。

「集諦」……原因（渇愛・尿道結石）がある→結果（苦・痛み）がある。

「滅諦」……原因（渇愛・尿道結石）をなくす→結果（苦・痛み）がなくなる。

この二つの現象は、医学の領域においては矛盾なく成立する。そして、たぶん、医学の領域においてだけ成立するのではなかろうか……。わたしは、本書を執筆しはじめたときからずっと考えてきたのだが、医学以外の分野で集諦と滅諦が両立する事例を思いつけないでいる。自分が思いつかないからといって、それで「ない」と断言するのは気がひけるが、しかしいつまでも逡巡していられない。思いきって、医学の領域だけだと断言しておく。

じつは、そう断言したほうが、以下の論述にも好都合なのだ。

なぜなら、釈尊が説かれた四諦の論理が矛盾なく成立する領域は、ただ医学の分野だけであるということは、釈尊の四諦そのものが医学の領域における発言である――ということにならないか。

わたしはそう思う。少し論理の飛躍があるけれども、わたしはそう思いたいのである。

すなわち、釈尊は、われわれの生存が本質的に苦しみのそれであることを明らかにされた上で、その苦悩の滅却の医学・病理学を説かれたのだ——。わたしはそのように言いたいのである。

▼縁ある衆生・縁なき衆生

さて、思いきってそのように断定してみると、だいぶ面白いことがわかってくる。

わたしは序章において、根本仏教——「根本仏教」というのは、歴史的人物である釈尊が説かれた仏教といった意味でわたしは使っている——における出家者と在家信者の差を、入院患者と通院患者に譬えてみた。自画自讃を許していただくと、この譬喩は非常に適切であったわけだ。なぜなら、釈尊が説かれた四諦の教説は、まさに「苦悩の病理学」とでもいうべきものであって、仏教教団（サンガ）という病院に入院した患者のための治療法であるからだ。四諦が医療の体系に類似しているのだから、出家者を入院患者に譬えるのは、まさにぴったりなのである。

と同時に……。

そこで大事なことは、「自覚症状」である。入院患者にしても、そしておそらくは通院患者にしても、自覚症状がないことには、医者の門を叩かない。ということは、逆に言えば、患者——すなわち「仏教信者」——となった者は、なんらかの自覚症状をもっているわけだ。「仏教信者」というのは、釈尊の弟子——出家も在家も含めて——となった人をいう。自覚症状をもっているから、弟子となったのである。

だとすれば、四諦のうちの〈第一・苦諦〉は、自明の真理なのである。前にわたしは、苦諦の説明のときに、われわれの人間存在そのものが苦であると教える仏教の教えに対して、「しかし、この人生には結構楽しみも多いよ」といった反対意見が出されそうだ……と書いた。そして、なんとかしてその反対意見を論破しようとして苦労したのであるが、考えてみれば、あのような苦労はする必要がなかったのだ。だって、この人生を楽しいと思っている人間は、釈尊という医者の門を叩くはずがない。門を叩いた者は、人生の苦を自覚しているにきまっている。つまり、仏教徒であるかぎり、「苦諦」から出発しているのだから、わざわざ苦諦の真理性を証明することもないのである。(もちろん、証明して悪いわけではないが……。)

ある意味で、これは、「縁なき衆生は度し難し」ということになりそうだ。自覚症状のない者を、いかなる名医も治せっこない。医者が治せるのは、医者を訪ねてきた患者だけだ。仏教も同じで、仏教の門を叩いてきた者だけを救えるのであろう。門を叩いてこない者は、所詮救済不可能である。

あるいは、ひょっとすれば、現代における仏教の布教ということも、これが基本姿勢かもしれない。キリスト教は伝統的に布教・宣教・伝道に力を入れている。だから、仏教もまた布教・伝道を活発にやらねばならぬ、と、つい思ってしまうのだが、果たしてそうだろうか……。後世の大乗仏教だとどうなるか、それはそのときに考えることにして、少なくともいま問題にしている根本仏教では、門を叩いてきた者だけを救えばよいので、自覚症状のない者を無理に入院させたり、薬をのませる必要はない、と言えそうだ。よけいな親切、大きなお世話……で、自覚症状のない者に強制的に治療を施してみても、どだい治るはずがないのである。

釈尊は、次のように言っておられる。

「この世は常に燃えつつあるに、なんぞ笑い、なんぞ喜ぶや。汝等は闇に掩《おお》われたり。なんぞ燈明を求めざるや」(『法句経(ダンマパダ)』一四六。渡辺照宏訳による)

笑いころげている人間は、どうしようもないのである。燈明を求める人間にのみ、釈尊は燈明をあたえられたのである。わたしはそのように考えている。

▼ふたたび入院患者と通院患者

それから、もう一つある。

入院患者(出家)と通院患者(在家)を比較すれば、たしかに通院患者には完全な治療は施し難い。ほんとうに病気(苦)を根治しようとすれば、入院しなければならない。すなわち、比丘《びく》(男性の出家修行者)・比丘尼《びくに》(女性の出家修行者)になるべきである。

それはわかっている。たしかに、その通りである。

けれども、このことだって重要なことなのだ。――在家の信者もまた、比丘・比丘尼と同じように「自覚症状」をもった人間である、ということ。

ところが、従来の仏教思想史では、ここのところが曖昧にされてきた。曖昧というより、むしろ無視されてきたというべきか……。通院によって病気（苦悩）を完全に克服することはむずかしい。本当に完全を期すなら、入院すべきである。その主張はもっともである。そして、その入院患者のほうから見れば、通院患者のやり方はチャランポランに映る。あたかも自己の病気を「自覚」していないかのように思えるのだ。それで、入院患者たちは、通院患者を無視してしまったのである。それが理由である。

しかし、無視したのは、入院患者（出家教団）側であって、院長（釈尊）その人ではない。そのところは、はっきりさせておかねばならない。

院長（釈尊）その人のところには、入院患者（出家）も通院患者（在家）も来ていた。来ていたはずである。その点に関しては、確たる資料がないので、推理でもって言うよりほかない。わたしは、通院患者も院長の治療をうけていたと思っている。ひとまずそう仮定しておく。ところが、院長が亡くなったあとになって、この通院患者は困ってしまったのだ。なぜなら、入院患者（出家）から治療をうけるわけには行かないからである。あたりまえでしょうよ。患者は医者でないのだから、そんなことをすれば医師法違反になってしまう……。

では、院長（釈尊）の没後、通院患者はどうしたか？　それについては、またあとで適当な機会に考えることにする。ここで言っておきたいのは、院長在世のころの記録も、すべて入院患者がずっと後になって——院長が亡くなってから数百年たって——こしらえあげたものである、ということだ。入院患者の関心は、彼ら入院患者のための治療法であって、院長（釈尊）が通院患者にどのように施療されていたかには、とんと無関心であった。彼ら出家者は、在家の信者（男性を優婆塞《うばそく》、女性を優婆夷《うばい》と呼ぶ）を自分たちの「生活物資の負担者」とのみ見ていたのだ。その点については、平川彰博士が次のようにまとめられている。

「〔厳密な意味での仏教のサンガ（教団）には、優婆塞・優婆夷は含まれていないが〕しかしこのことは、優婆塞や優婆夷が仏教において重要でないという意味ではない。むしろウパーサカ・ウパーシカーという呼称には重要な意味がふくまれていると言ってよい。ウパーサカ（upāsaka 優婆塞・信男）とは「侍《か》しずく人・仕える人」の意味である。ウパーシカー（upāsikā 優婆夷・信女）は、その女性形である。誰に仕えるかと言えば、比丘・比丘尼に仕えるのである。出家者は生活の物資を得るためにはたらかないから、優婆塞・優婆夷たちが、出家者の生活必需品である衣・食・住・医薬の四つの資具を供給し、その修行生活を可能にするのである。それゆえ在家信者は、単に家にあって修行する人という意味だけではない。比丘・比丘尼たちの物質生活を支持する義務を負わされているという意味がある。これにたいして、ビクシュ（bhikṣu 比丘）とは「食を乞う人・乞士」の意味である。したがってウパーサカは施す人であり、ビクシュは受ける人であり、これらは相互に対応する観念なのである」（平川彰著『原始仏教の研究』春秋社）

つまり、「あなた呉れる人・わたし貰う人」というわけであり、まことに一方的な、虫のよい考え方である。これは、入院患者の立場からした考え方であって、釈尊その人がこのように考えられていたとは、とてもわたしには思えないのである。

▼力弱き犢

釈尊がだいたいどのように考えられていたか……を示したものとして、わたしは、「中部経典」の第三十四経『牧牛者小経』(「南伝大蔵経」第九巻、三九〇~三九四ページ)を挙げておきたい。

ある時、世尊が、ワッヂ国ウッカーチェーラ村にとどまっておられたときである。その村は恒河《ごうが》(ガンジス河)の河岸にあった。だから釈尊は、きっと河を見ながら語られたのであろう。

「比丘たちよ、昔、マガダ国に智慧なき牧牛者があった。彼は、恒河を牛の群れをつれて渡ろうとした。しかし彼は、此岸も彼岸もよく観察することなく、しかも渡場《わたしば》ならざるところを渡ろうとした。それで河の中流で、牛のすべてが溺れ死んでしまった」

だから、此界と彼界、魔界と非魔界、死神界と非死神界をよく見きわめていない者は、よき指導者となれない——と、釈尊はつけ加えておられる。

さて、他方には、智慧ある牧牛者がいた。彼は恒河の此岸と彼岸をよく観察し、しかも渡場から牛の群れを渡した。

「彼は先《まず》、牡牛、牛父、牛群の首領を渡しぬ。彼等は恒河の流を横切りて、安穏に彼岸に到りぬ。

次には力強き、及、よく馴らされたるを渡しぬ。彼等も亦恒河の流を横切りて、安穏に彼岸に到りぬ、次には離乳牡牛、離乳牝牛を渡しぬ。彼等も亦恒河の流を横切りて、安穏に彼岸に到りぬ。次には力弱き犢《こうし》を渡しぬ。彼等も亦恒河の流を横切りて、安穏に彼岸に到りぬ」

かくて、智慧ある牧牛者は、すべての牛を安全に向こう岸へ渡したわけだ。

じつは釈尊は、このような譬喩でもって、比丘の指導について述べておられるのである。「南伝大蔵経」の原文はそうなっている。「牡牛、牛父、牛群の首領」というのは、比丘のうちでも能力のすぐれた者であり、ついで「力強き牛、よく馴らされた牛」があり、さらには「離乳牡牛、離乳牝牛」がつづく。そして最後に「力弱き犢《こうし》」がくるのである。これらのどの牛も、すべて比丘の能力差に譬えられている。

だが、わたしは、この釈尊の説法を記録し、保持しつづけてきたのが比丘たちであったことが、どうにも気に喰わないのだ。気に喰わないなんて、失礼この上ない言辞であるが、本当に釈尊は在家信者を無視してしまわれたのであろうか……？　牛群の首領はとんでもない話で、離乳牡牛、離乳牝牛とまでは行かないにしても、在家の信者はせめて「力弱き犢」の地位くらいは与えられないものか……。

わたしは、この『牧牛者小経』を読み返すたびに、釈尊は在家の信者を「力弱き犢」に譬えられていたにちがいないと、ますます自信を強めるのである。釈尊は出家修行者（比丘や比丘尼）をまず彼岸に渡され、それに鼓舞されて「力弱き犢」のごとき在家信者が彼岸に渡れるように配慮されていた。わたしには、そう思えてならないのだ。在家信者は、ただ比丘や比丘尼に貢《みつ》ぐだけしか能がない――なんて、そんな失礼な話があるわけがない。釈尊の入滅後に体系化された小乗仏教では、そんな失礼な考え方が罷《まか》り通っていたかもしれないが、少なくとも釈尊その人の考え方はそうではなかった！……と、わたしは思うのである。そう思わなければ、わたしは「仏教」について行けない……。

▼供養する義務

ただし、以上のわたしの感想は、だいぶインド的風土を無視したものである。仏教思想が形成され、展開されたのは、インドの大地であったのだから、インド的思惟方法をもう少し考えておかねばなるまい。

すなわち、インド人にとっては、出家者に供養することが大きな功徳をもたらす行為と信じられていたのである。現代の日本からすれば、「あなた呉れる人、わたし貰う人」はあまりにも虫のよいスローガンであるが、インド人――過去も現在も――にとっては必ずしもそうではない。供養させていただけるのが、信者にとっての喜びであり、出家修行者はその意味では供養をうけてやるのである。ご存知のように、だからインド（東南アジアも同じ）における僧たちは、われわれ日本人からすれば傲慢とも思えるほどの尊大な態度でもって、信者からの布施を受けている。それは、かりに僧が供養に対して「ありがとう」と謝辞を述べれば、僧はたちまちこじきになったのであって、こじきに施すのはたんなる慈善でしかなくなるからである。あくまでも僧に布施するのが、宗教的功徳の約束された行為なのだ。

ともかく、そのようなインド的思惟を背景にすれば、釈尊の当時の仏教において、在家信者が一方的に出家者に供養することが要請されていた可能性もありうる。われわれは、その点を忘れてはならない。

しかし、その場合でも、釈尊は在家信者のなす「布施行」に対して、なんらかの宗教理論を用意されていたはずである。はずであるというのは、わたしの印象であるが、わたしは釈尊が在家信者をほったらかしにされたとは思えないのだ。文献学者からはお叱りをうけそうだが、ひとまずわたしはそのように言っておく——。

第二章　釈尊の死をめぐる問題

一　釈尊の教えの固定化

▼釈尊の死――仏教思想史の出発点

釈尊が亡くなられた――。

インドはクシナーラー（現地名＝カシア）の地において。享年八十。

この釈尊の死を契機にして、われわれの「仏教思想史」は新しい章にはいる。

というより、むしろわれわれの「仏教思想史」は、釈尊の死を契機にしてはじまる、とも言えそうである。なぜなら、わたしは「思想史」というものを、前にも述べたように、「対話」だと考えている。そして、釈尊が生きておられるあいだは、その「対話」は必要がなかった。人々は、釈尊の教えを一方的に聴聞するだけでよかったのだし、もし疑義があれば、それを直接釈尊に問えたからである。そのような状況のもとでは、「対話」は発生しない。

しかし、釈尊が入滅されると、どうしても「対話」が必要になる。

――なぜ、釈尊は亡くなられたのか？

――ほんとうに釈尊は亡くなられてしまったのか？

――肉体的な釈尊の存在は消滅したとしても、なお消滅しない何ものかが残っているのではないか？　それとも、そんなものはないのか？

さまざまな疑問が出てくる。そのさまざまな疑問を軸にして、仏教の「思想史」は構成されるはずであり、またそうでなければならないのだ。したがって、釈尊の死が、仏教思想史の真の出発点になるのである。

ただし、――。

釈尊が亡くなられた瞬間、その死がたちまち仏教教団や在家の信者たちに大きな衝撃を与えた、と受け取られると困ってしまう。たしかに、釈尊の死の瞬間に、大きな衝撃を受けた人々もいる。主として在家の信者たちである。けれども、出家教団の人々は、その死の瞬間にそれほど大きな衝撃を受けたとは思えない。悲しみは悲しみとして、彼らはそれを充分にのり超えることができたのである。釈尊が亡くなられたので、たちまち教団組織にガタがきた……わけではない。組織はそれほどやわなものではなかった。釈尊その人が、そこまで配慮しておかれたからである。したがって、出家教団のほうが、「釈尊の死」について対話をはじめねばならなくなったのは、少し時間が経《た》ってからであった。そこには時間のずれがある。けれども、対話を必要としなかったわけではない。遅かれ早かれ、対話は必要になるのだ。そして、その対話が、仏教の「思想史」をつくって行くのである。

▼入院患者への処方箋

そこのところを、もう少し詳しく見ておきたい。

前にわたしは、出家者から成る教団と在家信者との関係を入院患者と通院患者に譬えた。その場合、釈尊は病院長である。この譬えでいろんなものが、わかりやすく説明できる。そこで、釈尊の入滅も、この譬えでもって説明しようと思う。釈尊の入滅は、すなわち病院長の死であった。

出家者――比丘《びく》・比丘尼《びくに》――は、入院患者である。「苦悩」という病いを根本的に癒すために、妻子を捨て、職業を捨て、なにもかもを捨てて、仏教教団という病院に入院したのが出家者である。彼らは病院長（釈尊）の指示にしたがって、規則正しい生活をしていた。普通の入院患者であれば、病気が治ると退院できるが、彼らの場合はちがう。一生のあいだ病院に居つづけるわけだ。病院から出ると、たちまち病気（苦悩）がぶり返すので、退院できないのである。

ところで、この入院患者にとっては、病院長＝釈尊の死はさほどの衝撃とはならなかった。病院長が彼らに、適切な処方箋を与えておかれたからである。その処方箋通りに、治療をつづけて行けばよいのだ。

わたしは本書の冒頭で、釈尊の侍者のアーナンダ（阿難《あなん》）が、釈尊の葬儀をどのように執《と》り行なえばよいかを釈尊その人に尋ねている記事を紹介しておいた。『大般涅槃経《だいはつねはんぎょう》』の一節であるが、もう一度引用しておく。

「世尊、私達は如来の舎利《しゃり》（＝遺骨）を如何に処理すべきですか？」
「阿難よ、お前達は如来の舎利供養の為に煩わされるな。さあ、阿難よ、お前達は最高善に努力しなさい。最善を修しなさい。最高善に於て、不放逸にて熱心、精懃にして住しなさい。阿難よ、如来に信心を懐く刹帝利（＝クシャトリヤ。カーストの一つで、武士族）の学者も、婆羅門の学者も、居士（＝大資産家）の学者もあって、彼等は如来の舎利供養を為すであろう」

これはまさに、病院長の入院患者に対する指示であった。葬儀のことは、在家の信者――刹帝利（クシャトリヤ）・婆羅門・居士――にまかせておいて、あなたがた入院患者は自分自身の治療に専心するように……と、病院長は命じておられるのだ。そして、その残された処方箋を要約すれば、

――自灯明――
――法灯明――

になるであろう。自己自身と釈尊の教え（法）を灯明にして、修行に励むべし……というわけである。そこのところを、経典から引用すれば、次のようにある。

「されば、阿難よ、ここに自らを洲とし、自らを依所として他人を依所とせず、法を洲とし、法を依所として、他を依所とせずして住せよ」（『大般涅槃経』第二章――「南伝大蔵経」第七巻、

六八ページ）

「洲《す》」というのは、川の中の小島である。水に流される者は、この島にたどり着けばよい。つまり、洲は「依所」であり、よりどころである。あるいは灯明である。釈尊はご自分の死後のことを、アーナンダを通じてちゃんと遺言されているのである。釈尊が亡くなられたからといって、出家者たちはなにもあわてる必要はなかったのだ。

▼爛壊の身と永遠の真理

いま、わたしが引用した個所、「されば、阿難よ、……」の釈尊のことばの直前には、左のようなちょっと痛々しい感じがする釈尊の発言がある。

「アーナンダよ。わたしはもう老い朽ち、齢をかさね老衰し、人生の旅路を通り過ぎ、老齢に達した。わが齢は八十となった。譬えば古ぼけた車が革紐の助けによってやっと動いて行くように、恐らくわたしの身体も革紐の助けによってもっているのだ。」（同ページ。ただし、この引用は、中村元訳『ブッダ最後の旅』によった）

釈尊が「肉体をもった存在」であるかぎり、時間とともに老い衰えて行くのは当然だ。しかし、釈尊自身は、そのような肉体には執着しておられない。それどころか、「釈尊の肉体」に執着する弟子を、厳しく叱っておられるのだ。

たとえば、「相応部経典」（二二の八七）には、『ヴァッカリ（跋迦梨）』と題する小経がある（「南伝大蔵経」第十四巻、一八八ページ以下。ただし、以下では増谷文雄『阿含経典』第二巻の訳文を使う）。長老＝ヴァッカリが重態になって、王舎城の陶工の家にいた。彼は死ぬ前に一目、釈尊を拝したいと思って、釈尊の許に人をやってご足労を願う。釈尊はその願いを聞きいれて、陶工の家まで来てくださった。釈尊を迎えて、病床より起きようとするヴァッカリを、釈尊はいたわっておられる。

そして、ヴァッカリが釈尊に言う。

「大徳よ、わたしは、すでに久しい前から、参上して世尊にお目にかかりたいと思っていたのでございますが、わたしの身体は、もう参上して世尊にお目にかかるだけの力に欠けておりました」

それに対して、釈尊はこのように言っておられる。

「いやいや、ヴァッカリよ、この汚《けが》らわしいわたしの身体を見ても何になろうぞ。ヴァッカリよ、法を見る者はわれを見る者であり、われを見る者は法を見る者である。ヴァッカリよ、まことに、法を見る者はわれを見る者であり、われを見る者は、法を見る者である」

と。つまり、釈尊の肉体に執着しつづける弟子のヴァッカリに対して、その肉体ではなく法（教え）を見よ！……と諭しておられるのである。「いやいや、ヴァッカリよ、この汚らわしいわたしの身体を見て何になろうぞ」は、「南伝大蔵経」の訳文では、「止みなん、跋迦梨よ、此爛壊《らんえ》の身を見て何かせん」とある。「爛壊《らんえ》の身」とは、ただれ、こわれる肉体のことだ。腐りゆく肉体ではなく、永遠の真理（法）を拝せ！……と、釈尊は言っておられるのである。その訓戒を記憶しているかぎり、釈尊の死に直面したところで、弟子たちはおたおたする必要はなかったのだ。逆に、釈尊は、弟子たちをおたおたさせないために、生前からそのような訓戒を与えておられたわけであろう。わたしは、そのように見てよいと思っている。

▼思想史の大きな皮肉

けれども、ちょっとした皮肉がある。

いま、わたしは、釈尊の相反する二つの側面を提示した。

爛壊《らんえ》の身……釈尊の肉体……やがて腐り、消滅するもの。

永遠の真理……釈尊の教え……いつまでも不変であるもの。

たしかに、その通りだ。肉体と精神——は、前者は無常、後者は永遠である。ところが、実際問題としては、その反対も考えられるのである。

肉体が永遠——。と言えば、たちまち異口同音に、そんな馬鹿げたことがあるはずがない！……といった反論が返ってくるであろう。でも、よく考えてくださいよ。釈尊の遺体はどうなったのでしょうか……？

ご存知のように、茶毘《だび》に付されたのです。そして、その遺骨は「仏舎利《ぶっしゃり》」と呼ばれ、この仏舎利を納めた仏塔（ストゥーパ）がインドの各地に建立された。のちにアショーカ王が仏塔を開いて仏舎利をとり出し、それを分骨して八万四千のストゥーパを造った、という伝説がある。八万四千というのは、あまりに誇張され過ぎている。実数ではあるまい。しかし、まあ、多数の仏塔が造られたことだけは確実である。

後世の仏塔については、いずれそれを述べる適当な機会があるはずだ。ともかく、釈尊の遺骨が連綿と保持されてきた点に注目していただきたい。日本にも、仏舎利が伝わって来ているのだ。

仏舎利は、米粒のようなものだそうだ。それが米粒に似ているので、寿司屋でごはんのことを〝シャリ〟と呼ぶという。さらに面白いことには、世界の各地に分骨されている仏舎利を合計すると、人間の十人分以上の遺骨の量になるらしい。すなわち、仏舎利は自然に増えるもののようだ。もっとも、これはそれほど驚く必要はない。キリスト教のほうでだって、やはりキリストの処刑になった十字架が数十倍の量になって現在に伝わっているようである。

ともかく、爛壊の身であるはずの釈尊の肉体――仏舎利――のほうが、消滅することなく、むしろ増量されて現在に伝わっているのである。これは非常に愉快な話ではないか……。

そして、他方――。

永遠の真理である釈尊の教えはどうなったか……。これも詳しいことは後に譲るが、釈尊の入滅後百年ほどして、仏教教団は二つに分裂した。この分裂の原因は、ほかならぬ釈尊の教えに対する解釈のちがいであったわけだ。字句通りに解釈すべきだとする保守派に対して、時代性の故に新しい解釈をすべきだとする進歩派の主張があり、両者は論争の末に分裂してしまったのである。

読者はどう思われるか？　不変の真理であるはずのものが、変わってしまったのである。なんとも皮肉な現象ではないか……。

でも、これが思想史の面白さである。

そして、この皮肉が、じつは大乗仏教をうみだす契機であり、またエネルギーだとわたしは思っている。だが、それについては、いまここでは語れないので、後にまわす。

▼釈尊に対する冒瀆の言

話をもう一度もとに戻すと、病院長（釈尊）の死は、入院患者（出家者）たちにそれほどの衝撃を与えなかったわけである。彼らは釈尊が残された処方箋にしたがって、自己の治療に専心していればよかったのだから……。

しかし、たしかに表面はそうであったが、その裏には一つの問題があった。

そこのところを、再び『大般涅槃経』（第六章）の記事を参考にしながら、少し考察してみよう。

場面は、パーヴァーからクシナーラーに至る街道であった。長老＝大カッサパ（大迦葉《だいかしよう》）は、釈尊の足跡を追いかけて、五百人の修行僧たちと道を急いでいた。釈尊の臨終になんとか間に合いたいと願っていたのである。

そのとき、向こうから一人の異教の行者がやって来る。手にはマンダーラの華《はな》を持っていた。大カッサパの問いに答えて、その行者が語った。あなたがたの師は亡くなった、と。この華は、その葬儀のときのものだ、と。

そのことばに、すでに悟りを開いていた弟子たちは、じっと耐えてとり乱すことはなかった。だが、まだ悟りを開いていない者たちは、涙を流しつつ泣き叫んだ。

が、なかに一人、スバッダという名の修行僧の反応はちがった。彼は、こんなことを語ったのだ。

「止めよ、友よ、悲しむ勿れ、慟哭する勿れ。我等はかの大沙門より全く脱れたり。『こは汝等に許す。こは汝等に許さず』とて、苦しめられ、また圧迫せられしが、今や我等は欲することを為し、欲せざることを為さざるべし」(「南伝大蔵経」第七巻、一五五ページ)

なんたる冒瀆《ぼうとく》の言ゾ！　と、たぶん読者もそう思われるはずだ。だが、ちょっと待ってくださいな……。不敬だとか、冒瀆だとか言う前に、もう一度、虚心坦懐にスバッダの発言を聞いてやってほしい。そうすると、あんがいスバッダは正直に、釈尊と自分との関係を表明していることに気づかれるはずだ。

「あの病院長、これはやってよろしい、これは禁ずる、と、うるさい存在だった。病院長が亡くなったんだから、これからは好きなことができるゾ。そう思ったら、なにも悲しむことはあるまい……」

彼はそう言っているのである。自分から頼んで入院させてもらいながら、患者は医者の命令や禁止をうるさく感じるのだ。医者は患者のためを思って言っているのに、患者は医者に隠れて禁令を破ることにスリルを味わっている。そんな事例はわんさと身の回りにあるが、スバッダのことばをそう受け取ってやるとよい。わたしには、なんとなくスバッダの気持ちがわかるのだ。

とはいえ、それは私的な感想である。

正式にいえば、やはりスバッダの発言は、釈尊を冒瀆したことになる。また、大カッサパはこのスバッダのことばを聞いて、釈尊の教えが後の世において歪められることを危惧《きぐ》したという。「今や我等は欲することを為し、欲せざることを為さざるべし」と、勝手放題にやられては困るからである。

かくて、大カッサパは、釈尊の教えの確認をやろうとした。すなわち、釈尊の入滅直後、五百人の弟子が中インドのマガダ国の首都＝ラージャガハ（王舎城）に集まり、各自が記憶する釈尊の教えを示し合い、どれが釈尊の正しい教えであり、またいずれが釈尊の教えでないのかを確認しあったのである。

これが第一結集《けつじゅう》である。結集とは「会議」の意味である。五百人の仏弟子が参集したので、これを「五百結集」ともいう。会議の主宰者は大カッサパであり、教法に関しては永年釈尊の侍者をつとめていたアーナンダが中心となり、また戒律に関してはウパーリ（優婆離《うばり》）が中心となった。スバッダのことばは、そんな波紋をつくったわけである。

▼第一結集の意義と矛盾

ところで、わたしが指摘しておきたいことは、この第一結集にある。

ある意味で、これはとんでもない行為であった。わたしはそう思うのだ。

もちろん、この第一結集が行なわれねばならなかった理由もよくわかる。病院長が亡くなったのであり、病院長がそれまで一人一人の患者に指示してこられた規則を、今後の病院の運営のために統一しておく必要がある。釈尊なきあとの病院は、たぶん大カッサパがリーダー（指導者）となって運営されたのだと思う。しかし、大カッサパは第二代目の病院長ではなかった。彼はあくまで患者代表であり、病院長は空席のままであったはずだ。わたしはそう見ている。釈尊なき教団は、いわば自治的に運営された病院であって、したがってその運営規則は初代病院長であった釈尊の権威にもとづいて制定されねばならなかったのだ。それが、第一結集の意義である。

けれども、よく考えてみると、ここに根本的な矛盾があるのに気づくはずだ。

それは、釈尊の教えが、「応病与薬《おうびようやく》」「対機説法《たいきせっぽう》」と呼ばれている基本形式をとっていたことと関係がある。すなわち、釈尊は患者（弟子）の一人一人に、それぞれにふさわしい教えを説かれていたのであった。頭のよい・わるい、健康・病弱、勇気ある者・臆病者、……人間はさまざまにちがっている。その人間のちがいに応じて、教え（法）を説きわけられたのであって、決して固定的な・劃一《かくいつ》的な・教条的な教え（法）を説かれたのではない。それが釈尊の教えの、したがって「仏教」の、根本特色である。仏教には八万四千の法門があるといわれている。この数字がどこから出てきたかは、次節に述べることにするが、ともあれ釈尊の教えが多種多様であったことだけは、はっきりしているのである。

ところが、第一結集で行なわれたことは、このような釈尊の教えを固定化・劃一化・教条化することであった。

もちろん、第一結集において、釈尊の教えをただ一つに固定化してしまったわけではない。たぶん、いろんな種類の教えが公認されたであろうが、いくら多数でも固定化したことにはちがいないのだ。

釈尊の教えの固定化、教条化——。

それはまさに、釈尊の教えの根本精神を殺してしまうことである。

にもかかわらず、それをやらねばならぬ矛盾——。

そこに、教団仏教（すなわち小乗仏教）の限界がある。

このような矛盾・限界は、すべて釈尊の死によって生じたものである。その意味で、仏教の思想史は、釈尊の死を契機としておもしろい展開を遂げるのである。

二　虚実のデーヴァダッタ

▼八万四千の法門

釈尊の入滅直後に開かれた第一結集《けつじゅう》において、教法（釈尊の教え）の部門の責任者となったのはアーナンダ（阿難《あなん》）であった。彼は永年、釈尊の侍者をしていたから、釈尊の教えをよく記憶していたのである。

この機会に、少しコメント（注記）を加えておく。結集とは「会議」のことで、前にも述べたように、第一結集には五百人の仏弟子が参集したので、「五百結集」とも呼ばれている。わたしはこれを、「第一回経典編纂会議」と呼びたい。各自が釈尊から聴いた教えや戒律を披瀝し合い、それが互いに矛盾していないことを確認し、そしてそれを正統の教義と承認したのである。まさに編纂会議であった。けれども、誤解しないでいただきたいのは、正統教義と承認されたものを、そのとき文字に書きとめたわけではない。当時すでに文字はあったけれども、聖典の伝持はすべて記憶にたよっていたのである。たぶん、文字に書きとめると、聖典がごく少数の人間に独占されるので、それを避けるための方法だと思われる。聖典が文字化されるのは、ずっとずっとあとなのだ。それはさておき、教法部門の責任者であったアーナンダは、こんなことを言っている——。

「仏より得たる〔法門は〕八万二千にして、比丘等より得たる〔法門は〕二千なり、これ等八万四千の法門を〔われは〕護持す」(『長老偈経』一〇二四——「南伝大蔵経」第二十五巻、二八七ページ)

これが、いわゆる「八万四千の法門」なることばの典拠である。釈尊は常に相手の性格や能力に応じて、その人にふさわしい教えを説かれたから、かくも多数の法門があるわけだ。もちろん、「八万四千」は仏教特有の誇張表現である。実際の数は、その十分の一、百分の一であったかも知れない。百分の一であったとしても、八百か千くらいの教えがあったわけだ。釈尊が決して劃一的、固定的な教えを説かれたのではないことを、われわれは再確認しておこう。

しかし、これはなにも驚くべきことではない。

わたしは、これまでずっと、釈尊を病院長に譬えてきた。病院長の役割りは、「応病与薬」——つまり、患者の病気に応じて薬を与えることである。どんな患者がやって来ても、仁丹か正露丸しか与えぬ医者がいれば、それはよほどのヤブである。患者の病気がちがっているのだから、与える薬もちがってくる。「応病与薬」を前提にすれば、「八万四千の法門」はすぐさま納得できる。ちっとも驚く必要はないのだ——。

▼大カッサパの暴挙

そんなことよりも、われわれが驚かねばならないのは、八万四千の法門を第一結集において固定化してしまった暴挙である。

釈尊の教えの基本的性格は、「応病与薬」である。言うなれば、流動的である。それなのに、その基本的性格を殺して、固定的にしてしまったのだから暴挙である。

なぜ、そんな馬鹿なことをしたのだ⁉ わたしは腹立たしくなる。

もっとも、五百人もの弟子たちが集まって、釈尊の教説をほぼ完全に——八万四千という厖大な数である！——蒐集《しゅうしゅう》したのだから、それでいいではないか、といった反論もあるかもしれない。むしろ、釈尊の教えを散佚《さんいつ》するがままに放置してしまったとしたら、そのほうが仏弟子たちの責任は大きい……と、そんな考えもありそうだ。

しかし、わたしが言っているのは、それとは少しちがう。かりに釈尊が正確に八万四千の法門を説かれたとして、そして第一結集において八万四千の法門を残らず蒐集したとしても、わたしはそれを暴挙だと思うのだ。

なぜなら、当分のあいだはそれでよいだろう。しかし、時代の変遷とともに、「病気」の相も変わってくるはずである。「病気」が変われば、釈尊ならばそれに流動的に対処されるであろう。それが釈尊の「応病与薬」のやり方である。

にもかかわらず、教えを固定化してしまったら、いったいどうなるのか……⁉

どうしようもなくなるではないか⁉

わたしは、それを言っているのである。

そして、釈尊の教えの固定化という暴挙の結果は、それから百年後に教団の分裂となってあらわれてきた。そのとき、教団は、戒律の解釈をめぐって保守派と進歩派に分裂する。その分裂の淵源は、第一結集における釈尊の教えの固定化にあったわけだ。

やはり、固定化してはいけなかったのだ。わたしはそう思う。

でも、どうして大カッサパ（大迦葉）は、第一結集を招集したのであろうか……？　第一結集は、前にも言ったように、長老＝大カッサパが呼びかけて開催されたものである。彼が第一結集を提唱した真意は、いったい何であったか？

▼大カッサパの真意

わたしは、思想史の方法は「対話」であると言った。また、文献学では思想史は書けない、と断言した。じつは、いまここで提出した疑問は、まさにわたしの思想史の方法である「対話」の有効性を裏づけてくれるものだ。

大カッサパが、なぜ第一結集を開催したか？　文献学によっては、その答えは見つからない。文献に残っているのは、前節に引用しておいたスバッダなる比丘《びく》の発言だけである。スバッダ比丘は釈尊入滅の報に接したとき、こう述べたという――。

「止めよ、友よ、悲しむ勿れ、慟哭する勿れ。我等はかの大沙門（＝釈尊）より全く脱れたり。『こは汝等に許す。こは汝等に許さず』とて、苦しめられ、また圧迫せられしが、今や我等は欲することを為し、欲せざることを為さざるべし」

この発言を耳にした大カッサパは、かかる冒瀆の比丘が出てくることのないように、釈尊の教えを皆で確認しておく必要を痛感したという。文献だと、そうなっている。

だが、それはちょっとちがうだろう……。

いくら確認し、見解を統一したところで、スバッダのような考え方をしている者をどうすることもできない。それに、よく考えてみれば、「今や我等は欲することを為し、欲せざることを為さざるべし」――の発言は、これも前節に引用した釈尊のことば――「されば、阿難よ、ここに自らを洲とし、自らを依所として……（住せよ）」と一致しないか。だいぶ表現はちがっているが、あんがいにスバッダのことばは、釈尊の教えに忠実である。釈尊なきあとは、自分を頼りに生きて行こう――。そうスバッダが言っているとしたら、大カッサパのほうがおかしいわけだ。

ともかく、これだけの理由では、大カッサパが第一結集を開催せねばならなかった必然性はわからない。

そこでわたしは、「対話」によって推理をすすめる。

歴史においては、いつでも、統一しようとする動きのあるときは、現実には分裂が存在している。いや、そんなまわりくどい言い方をする必要はない。要するに、分裂があるから統一しようとするのだ。統一が保たれているときに、誰が「統一」を叫びまわるだろうか……。

だから、釈尊の死によって、教団は分裂しかかっていたのである。いや、すでに釈尊の晩年、教団は分裂しかかっていた。だもので、大カッサパは教団を統一しようとしたわけだ。

これが、わたしの推理の基本である。これを基本にしながら、もう少し推理をつづけてみる。

▼原初仏教教団の支部組織

わたしは、釈尊の生きておられたころの教団には、横の繋がりはあまりなかったと想像している。仏教教団は、現在でいう支部組織になっていたのではなかったか……。釈尊の教えをうけて修行をし、そして悟りの境地に達する。その境地に達した者は、〝阿羅漢《あらかん》〟と呼ばれていた。原初（原始）の教団にあっては、釈尊もまた〝阿羅漢〟と呼ばれていたようである。そして、この阿羅漢と呼ばれる人々が、今度は指導者になって弟子たちの面倒を見るのだ。つまり、それぞれの阿羅漢の名を冠した支部があったと考えればよい。

たとえば、大カッサパの支部。彼の支部があったらしいことは、釈尊の臨終の地に駆け付ける大カッサパが、五百人の修行者たちを引き連れていたことから推測される。あのとき釈尊は、アーナンダただ一人（あるいは、ほかに数人の弟子がいたかもしれないが……）を連れて旅しておられた。

この点は、いろんなことを考えたくなるところだ。ひょっとしたら、晩年の釈尊は引退しておられたかもしれない……。

晩年の釈尊ではなく、活躍期の釈尊には、二つの顔があったかもしれない。一つは、仏教教団の「会長」としての顔。釈尊は仏教教団の創始者であり、統合のシンボルであった。と同時に、釈尊もまた一人の「支部長」であった。この支部長としての資格は、他の支部長とまったく同格であり、それが〝阿羅漢〟の呼称であったわけだ。わたしはそう推定している。釈尊の支部には、サーリプッタ（舎利弗《しゃりほつ》）やモッガラーナ（目犍連《もっけんれん》）が幹部として属していたのではないか……。サーリプッタやモッガラーナが、それぞれ自分の支部を持っていた可能性もあるが、そこのところはわからない。支部の結成条件がどうであったか……、いまのところはわたしの勉強不足で皆目不明である。原初仏教の教団組織については、今後のわたしの研究課題である。いまここでは、一つの仮説を出しておく。

そのほかに、存在が確実視される「支部」には、デーヴァダッタ（提婆達多《だいばだった》）の支部がある。じつはこの支部が、釈尊の入滅直後に問題を惹き起こしたのだと思われる。すなわち、「会長」が亡くなったのだから、各支部はそれぞれ独立してやって行けばよいではないか……と、デーヴァダッタはそう主張したのであろう。それに対して、大カッサパのほうからは、全支部の大同団結が呼びかけられる。「会長」＝釈尊の遺影の下に集まろうではないか……。それが第一結集の提唱であった。

そこで、論争が行なわれた。盛んな駆け引きが行なわれた。

その結果、たぶんほとんどの支部が大カッサパに賛同し、第一結集に参加することになった。

しかし、デーヴァダッタの支部は、最終的には参加を断わった。参加を拒否した理由は、デーヴァダッタの戒律観と大カッサパたち（これを主流派と呼んでおこうか……）のそれとが、大きくちがっていたからである。主流派の見解にどうしても賛同できない……と言って、デーヴァダッタは分派行動をしてしまったのである。

▼デーヴァダッタの主張

かくて、デーヴァダッタには、「裏切り者」の汚名がきせられ、「叛逆者」の烙印が押されることになった。

彼は釈尊に叛逆し、教団の乗っ取りを策謀し、ついには釈尊を殺害せんとした。そのため、デーヴァダッタは生きながら地獄に堕ちた——。そんな伝説がデッチあげられたのである。

まったくの嘘っぱちである。

それが根も葉もないデマであることは、紀元後四世紀——つまり、デーヴァダッタの時代から七、八百年の後世——法顕《ほっけん》三蔵がインドの舎衛城に行き、そこでデーヴァダッタの教団（調達《じょうだつ》の衆）が存続していることを確認している（『高僧法顕伝』——「大正新修大蔵経」第五十一巻、八六一ページ上）。

また、七世紀にインドを旅行した玄奘《げんじょう》三蔵は、その旅行記『大唐西域記』巻十の「羯羅拏蘇伐剌那（カルナスヴァルナ）国」において、「別に三伽藍があり、乳酪を口にせず、提婆達多《デーヴァダッタ》の遺訓を遵奉している」（水谷真成訳による）と報告している。デーヴァダッタの教団が、ずっと後世にまで存続していたのは確実である。となると、「叛逆者」デーヴァダッタ像は、明らかにデーヴァダッタの分派行動をこころよく思わなかった主流派がつくりあげたデマだとわかる。歴史はいつでも主流派の立場から記述されるから、鵜呑みにするととんでもない誤解をしてしまう。注意せねばならない。

では、デーヴァダッタの主張――とくに戒律の面においての彼の主張はどのようなものであったか……。『律蔵』小品第七（『南伝大蔵経』第四巻、三〇二ページ。ただし、次の引用にかぎり、『中村元選集』第十二巻、四二八ページによった）には、デーヴァダッタが主張したという「五事」が掲げられている。

（1）願わくは、修行僧らは命のある限り林に住む者でありますように。もしも村落に入ったならば、罪に触れることになりましょう。

（2）命のある限り乞食行者でありましょう。もしも招待を受けるならば、罪に触れることになりましょう。

（3）命のある限りボロ切れの衣をまとう者でありましょう。資産者の施す衣を受けるならば罪に触れることになりましょう。
（4）命のある限り樹の根に住む者でありましょう。屋根におおわれた家に近づくならば、罪に触れることになりましょう。
（5）命のある限り魚や肉を食べませんように。魚や肉を食べるならば罪に触れることになりましょう。

デーヴァダッタのこの主張は、虚心にこれだけを読めば、むしろ苦行者的である。たぶん、彼は、苦行者の系列に属する仏教者であったのだろう。

これに対する主流派――大カッサパをリーダーとする大同団結派――の主張は、どのようであったか……。『律蔵』小品は、以上につづけて、デーヴァダッタに対する釈尊の叱責のことばを記述している。彼らは釈尊にかこつけて（釈尊の権威を藉《か》りて）、デーヴァダッタへの反論を述べたのであろう。

「止みなん、提婆達多よ、若し欲せば常時林住すべく若し欲せば村邑（＝村落）に住すべし。若し欲せば常時乞食すべく若し欲せば請食（＝招待）を受くべし。若し欲せば常時糞掃衣（＝ボロ切れの衣）を著くべく若し欲せば居士衣（＝資産者の施す衣）を受くべし。……」

わたしは、この釈尊のことばは正しいと思う。釈尊のことばが正しい――だなんて、変な言い方であるが、これは釈尊の没後、主流派がデーヴァダッタの主張を葬り去るために創作したことばである。と、わたしは受け取っているのだが、これを創作だとして、いかにもこれは釈尊の言われそうなことばだと思うのだ。釈尊なら、こういうふうに言われるであろうことは、まちがいないであろう。

では、デーヴァダッタがおかしいのか……!?

しかし、デーヴァダッタの主張は、デーヴァダッタに関する限りは、釈尊も承認されたであろう。釈尊の方法は「応病与薬」であったから、デーヴァダッタにはデーヴァダッタのやり方がある、というのが釈尊の真意なはずだ。各自はそれぞれ自分の道を行けばよい。にもかかわらず、その道を「統一」しようとするから、無理が出てくるのである。わたしはそう思う。

▼歴史を見る基本姿勢

つまり、厳格主義者・苦行主義者のデーヴァダッタは、極端な「五事」の遵奉者《じゅんぽう》であった。でも、それはそれでかまわないのだ。デーヴァダッタはデーヴァダッタの道を行けばよいのだから……。

ところが、それでは困る――と考えたのが、大カッサパであったのだろう。

釈尊の入滅直後には、デーヴァダッタのような考え方をしている人々が多かったであろう。皆はそれぞれ自分に適した道を行けばよい、というのが釈尊の考えであったから、当然そんな考え方でいる人が多い。ただし、それだと、教団はバラバラになってしまうが、そこまでの心配をする必要があるだろうか……。大勢の仏弟子たちは、そんな心配とは無縁であった。ごく少数の人間だけが、「教団」の維持・統合について配慮したわけである。わたしはそう推理し、その少数の人間の一人に大カッサパを挙げる。彼がどうやら中心人物であったらしい。そして、最後の最後まで、頑強に大カッサパ一派に楯突《たてつ》いたのがデーヴァダッタである。その結果、デーヴァダッタは叛逆者、教団の分裂を策謀した悪人とされてしまったのだ。

もう一度繰り返しておくが、歴史はいつも勝者が書き綴る。大同団結が成った教団側が、自分たちの立場で歴史を書いたわけである。したがって、大同団結に参加せず、分派行動をした者は裏切り者である。それは当然の評価なのだ。

それと、もう一つある――。

デーヴァダッタは出家者である。主流派――大同団結派――の歴史では、この出家者＝デーヴァダッタは叛逆者にされてしまったが、在家信者はどうなったか……？

完全に無視されてしまったのである。

その点に注目してほしい。

主流派にとっては、在家信者たちの去就など、どうでもいいことである。ほとんど関心がなかった。だから、釈尊が在家信者を対象にして説かれた教えは、まずは無視してしまった。……と、考えたほうがよいのではないか。全部が全部を捨ててしまうと、かえってチグハグになってしまう。

それで、ほんの少々は、毒にも薬にもならない部分だけを採録して、あとは全部無視したはずだ。わたしはそのように推理している。なぜなら、それが歴史の常套手段《じょうとう》だからである。大カッサパを指導者にした大同団結派が温情あふれていて、歴史の法則に反して、この場合だけ在家信者を公平に扱ったとは思えない。そんな無理な推理はする必要がないのである。歴史は勝者のものであり、勝者の都合のよいように書かれているものだ。そう思っておいて、まずはまちがいあるまい。

すなわち、――。

釈尊は在家信者たちに対して、特別の教えを説いておられたかもしれない。あるいは、そんな特別な教えを説いておられなかったかもしれない。

後者の場合（説いておられない場合）は、これまで言い伝えられてきたことと同じである。しかし、前者の場合は、これまでの仏教思想史で言われてきたことと、だいぶ様子が変わってくる。わたしは、なにもこの前者の立場をとるべきだと主張しているのではない。ただ、こうした可能性のあることも、念頭に置いてもらいたいと言っているのである。そうするのが、歴史を見るときの基本姿勢なのである。だから、口を酸《す》っぱくして力説しているのである。

三　「仏道教」から「成仏教」へ

▼釈尊の死の悲しみ

歴史は、勝者が書いたものである。だから、歴史においては、勝者が自己を正当化している。わたしはそのことを、繰り返し指摘しておいた。あまりにもあたりまえのことで、再び贅言《ぜいげん》を要しないとは思うが、あと一つだけ事例を加えておく。

釈尊が最後の息を引きとられた場面である。何度も引用した『大般涅槃経《だいはつねはんぎょう》』(「南伝大蔵経」第七巻、一四七―一五〇ページ。ただし、次の引用は中村元訳『ブッダ最後の旅』によった)は、そのときの弟子たちの反応ぶりを左のように描写している。

まず、「まだ愛執を離れていない若干の修行僧」である。彼らは、「両腕をつき出して泣き、砕かれた岩のように打ち倒れ、のたうち廻り、ころがった」。わたしたちが肉親や親友の死に直面したら、たぶんこうした行動をするだろう。したがって、これはわからぬでもない反応なのだ。

ところが、「愛執を離れた修行僧」たちである。つまり、悟りを開いた人たちだ。この人たちは、

「正しく念い、よく気をつけて耐えていた」のである。「およそつくられたものは無常である。どうして（滅びないことが）あり得ようか？」と言って……。

これは、教団内にあって、悟りを開いた僧といまだ悟りを開いていない僧との、優劣序列をつけたものである。教団が教団として、固有の序列を持つのは当然だ。序列なしに組織は成立しないからである。

けれども、この序列が教団外の在家信者にまで及んだらどうなるか？　クシナーラー（釈尊入滅の聖地）の住民であるマッラ族の人々は、釈尊のご臨終の報に接して、

「マッラ族の者ども、マッラの子たち、マッラの嫁たち、マッラの妻たちは、苦悶し、憂え、心の苦しみに圧せられていた。或る者どもは、髪を乱して泣き、両腕をつき出して泣き、砕かれた岩のように打ち倒れ、のたうち廻り、ころがった」

と、悲しみに苦悶したのである。経典はそう描いている。誰が考えても、これは当然の反応である。

しかし、教団側はそう見ていないのだ。

このような在家信者の反応は、「まだ愛執を離れていない若干の修行者」と同じだと、教団側は見ているのである。それだから、「両腕をつき出して泣き、砕かれた岩のように打ち倒れ、のたうち廻り、ころがった」と、まったく同じ表現をしている。ただ、在家信者（マッラ族）の反応としては、「髪を乱して泣き」の一句だけが余分に追加されている。出家者には髪がなかったから、こ

の句だけは使えなかったのだ。なにも在家信者のほうが激しく泣いた――すなわち「五十歩百歩」の差があったわけではない。両方とも「百歩」である。そこのところをまちがえないように……。

▼開悟者と未開悟者の差別

要するに、教団側（釈尊亡きあと、大カッサパを中心に運営された教団）の主張はこうであった――。

「悟りを開いた者が偉い」

と。

〝偉い〟といった表現が不適切であれば、〝尊敬さるべきである〟と書きなおしてもよい。ともかく開悟者を高い地位に置き、開悟していない者を劣った人間としたのである。差別《しゃべつ》したわけだ。〝差別〟は、仏教では〝しゃべつ〟と読む。「差別するな！」というのが、のちの大乗仏教の主張である。教団側は開悟者と未開悟者を差別して、しかもその差別を在家信者にまで及ぼしたのである。在家信者はダメな人間だ――というのが、教団側の見方であった。しかし、そんな見方は、果たして釈尊のものであろうか……。釈尊その人は、そこまで出家者と在家者、開悟者と未開悟者を差別されたであろうか？　わたしには、どうもそうは思えないのである。

あるいは読者は、わたしのこのような疑問を、かえって訝《いぶか》しく思っておられるかもしれない。仏教において、大事な目的は「悟り」であるのだから、当然、釈尊だって開悟者と未開悟者を区別されたはずだ。したがって、開悟者と未開悟者を分けるのは、不必要な差別ではなくて必要な区別なのだ……と。たぶん、そうした反論があるだろう。

だが、問題はそれほど簡単ではない。

じつは、仏教教団には、ご存知のように、「法臘《ほうろう》」と呼ばれる一つの序列があったのである。法臘はまた「法歳」ともいう。比丘《びく》・比丘尼《びくに》が受戒して以後の年数のことである。そしてこれが、仏教教団における唯一の序列であった。つまり、仏教教団においては、年功序列だけが機能していた。出家以前の世俗における序列は、いっさい無視することになっていたのである。

その点に関しては、『律蔵』小品（『南伝大蔵経』第四巻、二四五―二四八ページ）が、釈尊の考え方を明確に示してくれている。

あるとき、釈尊はとある精舎《しょうじゃ》に止宿された。翌朝、目をさまされた釈尊が咳ばらいをされたとき、それに応えるかのように、戸外の一本の樹の下から咳ばらいが聞こえてきた。

「誰か？」

の問いに、

「世尊よ、わたしです。サーリプッタ（舎利弗《しゃりほつ》）です」

の返事があった。サーリプッタは戸外で夜を明かしたのである。なぜか……？　彼は釈尊に答えた。それは、昨夜彼らがこの精舎に着いた時、弟子たちが先をあらそって精舎の中に入り、最後になったサーリプッタの寝るところがなかったためであった。

そこで釈尊は弟子たちをあつめ、

「比丘等よ、誰が第一座・第一水・第一食を受くべきや」

と質問される。弟子たちは、それはクシャトリヤ（王族）から出家した者だ、バラモンからの出家者である……等々の返事をした。

「そうではない」と、釈尊は教えられた。

「それは長幼の順である」

長幼の順――といっても、もちろん世俗の年齢ではない。受戒して仏教教団の人となった先後の順、つまり法臘である。法臘の順によって、第一座・第一水・第一食を受けるわけだ。それが釈尊の制定された秩序である。

悟っているか、いないか……。そのようなことは、第二義的であったのだ。結果はどうでもよろしい。大事なのは、悟りに向かう決意である。それが釈尊の真意であったと、わたしは思っている。したがって、開悟者と未開悟者を差別する考え方は、どこかおかしい。それは、釈尊の死後に出てきたものではないか……。わたしには、そう思えてならないのである。

▼方便が絶対である

いまわたしは、悟っているか、否かは第二義的だ――と書いた。ある意味では、このことばは誤解されそうだし、また仏教思想史を見る上で重要な点なので、もう少し補足しておく。わたしが言

いたいことは、

——悟りに執着するな！——

である。ほんらい、釈尊の教えはそうであったと、わたしは思っているのだ。

悟りへの執着は、必然的に「結果第一主義」の哲学を是認することになる。そして、現在の日本に、この結果第一主義の哲学が蔓延していることは、すでに先刻、読者のご承知のところである。

たとえば、商業の活動というものは、生産者と消費者を結びつける日常の営みなのだ。生産者から消費者へ物資を輸送して、その結果、利益がある。利益は結果なのだ。ところが、現代日本人のやっている営利活動は、儲けのためにはなにをやってもよいという考えでなされている。だから、マグロを船団ごと買い占めて倉庫に入れ、消費者の手に渡らぬようにして値を釣り上げ、がっぽりと儲けるようなやり方が横行している。利益のためには手段を問わぬ風潮がある。

プロ野球だってそうだろう。勝てばよい、勝たねばならぬ——といった結果第一主義の思考が、球団にもファンにもある。一球一打の面白さなどそっちのけで、チーム・プレイだけが許され、敬遠とバントばかりの野球である。管理野球だなんて、馬鹿らしい。人間をとことん管理すれば、その人間はロボットでしかないのだから、ロボットでチームを編成されたらいかがですか……。

教育も然《しか》り。中学校の教育は、高校進学という結果ばかりを問題にしてなされている。そして高校になると、大学進学だけが問題になる。中学生には中学生としての喜びがあるべきだ……といった良識ある発言は無視され、いい高校に入れた中学生だけがいい中学生だとされるのだから、大部分の中学生にとっては、中学校は兵舎か刑務所でしかない。暴動が起きて当然なんだ。

しかし、そんな考え方は、ほんらい宗教にはなじまない。結果ではなしに、その結果にいたる道程を大事にするのが、宗教、とくに仏教である。仏教では、結果にいたる道程（プロセス）を、

――「方便《ほうべん》」――

と呼んでいる。そして、密教経典である『大日経《だいにちきょう》』にあるように、

「方便為究竟」――方便を究竟《くぎょう》（絶対）とす。

というわけである。結果はどうでもよくて――とまで言ってしまえば、いささか語弊があるかも知れないが、結果よりも方便を重視するのが本来の仏教の精神である。

なお、日本では、「嘘も方便」といった諺があって、〝方便〟の語が、目的のために利用する便宜的な手だての意味に解されている。けれども、これは完全な誤解なのだ。日本人は昔から結果第一主義の考え方をしていたもので、仏教語の〝方便〟の正しい意味がわからなかったのであろう。

▼釈尊も悟りにこだわっておられない

禅のほうでは、こんな話が伝えられている。

唐の時代である。馬祖道一《ばそどういつ》（七〇九―七八八）は南岳懐譲《なんがくえじょう》（六七七―七四四）のもとで修行して

いた。

ある日、坐禅をしていた馬祖に、南岳が問うた。

「なんのために坐禅をしているのか？」

「仏になるために……」

と、馬祖は答えた。そのとき師の南岳は、かたわらに落ちていた磚《せん》（敷瓦）を拾って、石の上で磨きはじめる。今度は馬祖が問うた。

「磚を磨いて、どうするのです？」

「鏡にしようと思ってな……」

「磚を磨いても、鏡にはなりませんよ」

馬祖のことばに、すかさず南岳はこう応じた。

「それがわかっていて、どうしておまえは、仏になろうとして坐禅をするのか？」

馬祖には、なにも答えられなかったらしい。

南岳が言いたいのは、仏になる――悟りを開くことに執着するな！……ということであったと思う。悟りに執着して、それを目的に坐禅（修行）をすれば、坐禅は単なる手段に堕してしまい、チャランポランになってしまう。そんな坐禅であればしないほうがよい。そうではなくて、方便としての坐禅をすべきである。南岳は馬祖にそう教えたのだと思う。

「方便としての坐禅」――なんだか変なことばに思われるかもしれない。しかし、これでいいのである。なぜなら、〝方便〟はサンスクリット語（梵語《ぼんご》）で〝ウパーヤ〟といい、それは「近づく」といった意味である。目標に向かって一歩一歩近づく、その歩みが方便であり、それが大事である。目標（悟り）は、いわば二義的なのだ。それが禅の精神であり、仏教の精神である。わたしはそう思っている。

だが、……。

南岳にしろ、馬祖にしろ、いずれもはるかに後代の仏教者である。そんな後人の言行でもって、仏教の開祖であるインドの釈尊の思想を忖度《そんたく》してよいのか……といった疑問がある。

わたしは、その点は大丈夫だと思っている。

というのは、もしも釈尊が方便（修行）よりも悟りそのものが大事だと考えられたのであれば、なにもわざわざ法臘なるものを制定されるはずがないからである。釈尊は偉大なる師であったから、弟子たちの悟りがどの程度のものか、一目で見抜かれたであろう。そうして、弟子たちを「悟りの段階」にランクづけることは可能であった。

にもかかわらず、釈尊はそれをしておられない。そうではなくて、道に志した――仏教教団に加入した――先後でもってランクをつけておられるのだ。それは、歩みつづけること、すなわち方便が大事なんだよ……という考えによるものだ。換言すれば、悟りに執着するな！……ということになる。わたしは、それこそが釈尊の精神であったと信じている。

悟りにこだわりだしたのは、釈尊入滅後のことである。そしてそれは、釈尊の根本精神から大きく離反しているのである。

▼ジャイナ教との比較

もう一つの論拠がある。それは、ジャイナ教との比較である。
ジャイナ教の開祖は、ニガンタ・ナータプッタである。彼は自由思想家の一人で、釈尊と同じくバラモン教の聖典である『ヴェーダ』の権威を認めなかった。釈尊よりほぼ二十歳年少であったという。

ということは、仏教とジャイナ教はほとんど同時代に興起した宗教であるわけだ。両者はいろんな面で似ており、学者はこの二つの宗教を「姉妹宗教」と呼んでいる。たとえば、仏教の五戒に類似のものとして、ジャイナ教に「五つの大誓戒」がある。

1　不殺生　2　真実語　3　不盗　4　不婬　5　無所有

であるが、それぞれ仏教の不殺生・不妄語《もうご》・不偸盗《ちゆうとう》・不邪婬《じやいん》に相当し、最後の無所有だけがちがっている。仏教では、無所有のかわりに不飲酒《おんじゆ》を置いている。

さて、ジャイナ教では、人間生存の苦と輪廻転生を、「業《ごう》」の理論でもって説明する。業とは「行為」である。そして、われわれがなんらかの行為をすれば、その業のために微細な物質が霊魂を取り巻いて附着する。この現象を「流入（āsrava）」と称するが、流入によって霊魂が本来もっていた上昇性が妨げられ、霊魂は地上に束縛されてしまう。この束縛――ジャイナ教では「繫縛《けばく》（bandha）」と呼ぶ――があるが故に霊魂は輪廻し、絶えざる苦しみをうけることになる。

だから、われわれは苦しみから逃がれるためには、苦行によって過去の業を滅ぼすとともに、他方では新たな業の流入を防止せねばならぬ。そうジャイナ教では教えている。ここのところが、仏教と少しちがうところだ。仏教では、過去の業が滅ぼされることはあり得ないと考えている。したがって、苦行主義はとらない。

また、ジャイナ教では、新しい業の流入を防止せよ――と教えている。それはどうすれば可能か？　じつはジャイナ教では、ここのところで自殺のすすめが説かれているのである。

人間のいかなる行為も「業」となる。それは「流入」によって霊魂を「繫縛」する。その「繫縛」を避けるためには、いっさいの「業」をやめることである。すなわち、生きてゆくことをやめねばならない。それが当然の論理的帰結なのである。

ところで、わたしの言いたいことは、もし釈尊が悟りを重視されたなら、このジャイナ教のように自殺をすすめられたのではないか……ということである。

なぜなら、悟った人間が悟りののちもこの世に生存をつづければ、彼は新しい「業」をつくってしまうからである。むしろ、悟りの瞬間に、パッとこの世から消え去れば理想的なのだ。

悟りが究極・最高のものであれば、そうした考えが当然にでてくる。

けれども、釈尊はそうされなかった。

たしかに、釈尊は、悟りを開かれた直後、そのまま涅槃《ねはん》に入ることを考えられたようである。そのことは、本書の第一章で指摘しておいた（六三ページ参照）。だが、釈尊はそうした誘惑を斥《しりぞ》けられて、伝道・布教をはじめられた。

それは、一つには、衆生に対する慈悲の精神からである。迷える衆生に真理の燈明をあたえんがために、釈尊はすぐさま涅槃に入ることを延期されたのである。

と同時に、釈尊が「悟り」そのものに執着しておられなかったからでもあるのだ。そのことを見落とすべきではない。釈尊が「悟り」に執着しておられたら、悟った瞬間にパッとこの世から消滅されたにちがいない。わたしはそう思うのである。

▼「方便仏教」＝「仏道教」

つまり、釈尊は、悟りそのものよりも、悟りにいたる道程——過程・プロセス・方便——を重んじられていたのだと思う。悟りは結果であって、もちろん結果はどうでもよいというのではないが、その結果にいたる歩み（方便）を大事にしたい、と釈尊は考えておられたのではなかったか……。

したがって、その意味では、釈尊の仏教を「方便仏教」と呼んでもいいように思う。その「方便仏教」に対して、釈尊の没後に出家者を中心とする教団側が主張したのは、悟りに重点を置く考え方で、こちらのほうを「開悟仏教」とでも名づけることができる。

だが、「方便仏教」というのは、いかにもことばの響きが悪い。ここまで読んでくださった読者には、わたしの意図がわかっていただけるであろうが、いきなり「方便仏教」だと言われると、たいていの人は誤解されるであろう。

では、どう呼ぶか……? わたしは、この部分を書きながら、あれこれその呼称を考えてきた。

その結果、ようやく見つけたのが、

「仏道教」

という造語である。仏の道を歩んで行く、あるいは、仏になるための道を歩みつづけて行く教え——。いいことばだと思う。

これに対して、「開悟仏教」のほうは、わりと簡単に造語ができた。

「成仏教」

でいいと思う。仏に成ることを目差した教えなのである。

かくて、わたしの言いたいことが、ようやくまとめられるわけだ。

釈尊が生きておられたころは「仏道教」であった仏教が、釈尊の死を境にして、「成仏教」に変じてしまったらしい。そうなると、当然のことに、在家信者はドロップ・アウト(脱落)させられてしまう。そして、仏教は、出家者中心の教団仏教になってしまったのだ。

これが、釈尊の入滅直後における仏教思想史の展開であった。

第三章　原初教団から部派教団へ

一　在家信者の総退場

▼思想の独り歩き現象

思想というものは、どうやらそれを創唱した人間を離れて、自己展開を遂げるものらしい。いわゆる、思想の独り歩き現象である。

その意味では、イエス・キリストその人は、絶対にキリスト教徒ではなかった——と、わたしは思っている。キリストは生まれながらユダヤ人であり、その生涯を通じてユダヤ教徒として生きた。キリスト教は、創唱者のキリストを離れて、思想が独り歩きをした結果の所産なのである。カール・マルクスだって、彼はマルキスト（マルクス主義者）ではなかっただろう。

そして釈尊は、仏教徒ではなかった。……とわたしは思っている。少なくとも釈尊は、「成仏教徒」ではなかった。

「成仏教」というのはわたしの造語で、悟りにこだわりすぎた仏教をいう。釈尊は、むしろ「仏道教」——悟りを目差しはするが、その悟りにこだわることなく、悟りに向かって一歩一歩近づいて行く歩みそのもの（方便）が大事なのだという教え——を説かれていた、というのがわたしの意見である。その点は、前章の終わりに詳述しておいた。釈尊の教えを繰り返し読んでみても、悟りを開くことがなにより大事で、悟りを開けぬ者は所詮ダメな奴だとする「成仏教」の考え方はどこにもない。したがって、釈尊は絶対に「成仏教徒」ではなかった、と、わたしは胸をはって断言しておく。

ところで、釈尊と成仏教の関係であるが、これはマルクスとマルキシズム（マルクス主義）との関係にどこか似ているのである。

というのは、マルクスその人は、それほど革命（の成功）にこだわってはいなかった。むしろ彼は、革命にいたるプロセス（過程）に重点を置いて、徹底的に資本主義社会の構造を分析・究明したのである。もっともこの点は、意見のわかれるところだ。マルクスは革命の成功だけを考えていた、と読む人もいる。その意味でも、釈尊の場合と似ている。釈尊にしても、徹頭徹尾、釈尊が悟りだけを説かれていたと信じている学者もいるのである。だから、これはわたしの意見である。そんなこと、いちいち断わる必要もないと思うのだが、念のため注意しておく。

わたしの考えでは、マルクスその人はマルキストではなかった。彼の死後、いわゆるマルキシズムができあがり、そしてマルキストたちが勝手に革命を至上目標にしてしまった。つまり、革命にこだわりだしたわけだ。

そうなると、マルクスの説いた思想が変わってしまう。革命にこだわると、皮肉なことに、革命そのものよりも、そのための手段・方法論の優劣が論争のたねとなるのである。同じ「革命」を目差しているのだから、少しくらいの方法論の違いには目を瞑《つぶ》ればいいのに、それができないのである。互いに相手の主張を罵《ののし》りあい、近親憎悪にも似た対立を招来する。分派が分派を呼び、ついには内ゲバにまでなってしまう。そんなありさまは、読者は先刻ご承知のところである。

その原因は、「革命」という目標にこだわりすぎたがためである。

それが証拠に、別の目標を掲げた人たちに対しては、彼らマルキストも鷹揚《おうよう》になれるのである。

不思議なものだ。

しかし、そういうものかもしれない。

▼凡夫の現実の否定

いまわたしは、マルキシズムのことを書いた。しかし、賢明な読者であれば、きっとわたしの文章の裏を読んでおられるはずだ。

そうなんだ。日本の仏教界だって、似たようなものではないか……。

宗論は、いずれが負けても釈迦《しゃか》の恥――

そんな名句があったと記憶する。

いずれも同じ釈尊の教えを信奉しながら、勝手にさまざまな宗派をつくって、細かな教義解釈の違いを論争しているありさまを皮肉ったものだ。

もっとも、それは仏教だけの話ではない。キリスト教のほうだって、昔はカトリックとプロテスタントとの対立があり（対立があるからプロテスタントなんだけれども……）、カトリックはプロテスタントよりは仏教に親近感をもち、プロテスタントのほうでもむしろ仏教を高く評価する。宗教・思想の世界では、近親憎悪の法則が確実に支配しているのかもしれない。

閑話休題《それはさておき》――。

わたしが指摘したかったのは、「革命」にこだわったマルキストたちが、そのために手段・方法論の差で論争をはじめ、分裂し、分派をつくってしまったことである。つまり、目的・目標を固定化し、それにこだわると、逆に手段・方法論がややこしくなるのである。それが思想史の法則であり、そしてこの法則はわれわれの仏教思想史にも当て嵌《は》まるのだ。

釈尊が教えられたのは――くどいようだが、もう一度繰り返しておく――、「悟り」といった目標にこだわらずに、「悟り」に近づく一歩一歩の歩みを大事にしろ、ということであった。それが「方便」である。

――「悟り」よりも「方便」を！――

というのが、したがって釈尊の真意なのである。わたしはそう思っている。ただし、誤解しないでほしい。釈尊は、「悟り」はどうでもよい……と言われたのではなかった。そうではなくて、「悟り」にこだわるなと言っておられるのである。こだわらぬために、「方便」を大事にしろと教えられたのだ。その点を忘れずにおいてほしい。

ところが、釈尊の没後、教団側の連中――出家者たち――はやけに「悟り」にこだわりはじめた。ある意味では、それは無理もないところである。なぜなら、目標（悟り）にこだわらずに手段（方便）を大事にできるのは、目標と手段とのあいだに背叛的な緊張関係がないときである。目標と手段が背叛的に捉えられると、どうしても目標にこだわらずにはいられないのである。

なんだかむずかしいことを言っているように聞こえるかもしれないが、決してそうではない。わたしが言っているのは、理想と現実があって、理想に照らして現実が否定されると、人間は理想に執着し、こだわってしまう――ということである。マルキシズムがそうである。革命後の理想社会に照らして、現実の資本主義社会が否定される。そうすると、どうしても革命にこだわらざるを得ないのだ。あるいは、高度経済成長期の日本がそうであった。現状ではダメだとする否定の哲学がまずあって、理想が追求される。そうすると、日本人は理想にこだわってエコノミック・アニマルになってしまったのだ。

それと同じである。

釈尊の生存中は、釈尊が理想であり、目標であった。しかし、釈尊という偉大な人格のもとにあって、決して弟子たち――（この場合の弟子のうちには、わたしは出家者も在家信者もはいると思っている）――の人格は否定されていない。釈尊はあたたかく弟子たちを教導しておられる。一人一人の性格をよく見極めた上で指導されているのだ。それは一人一人の「肯定」である。釈尊の抱擁力において、すべての凡夫が肯定されていたのであった。

ところが、釈尊が亡くなると、理想と現実は緊張関係になる。なぜなら「釈尊」という人格的理想から、「悟り」という抽象的理想へと、目標が変わってしまったからである。抽象的理想だと、どうしても軌範的になり、現実は否定されてしまう。凡夫の現実を肯定していては、理想＝軌範が軌範でなくなってしまうからである。

▼歴史の舞台から退場した在家信者

かくて、凡夫の現実態が否定され、理想態としての悟りが追求されることになった。そうすると、今度は、悟りにいたる手段・方法論が論争のたねとなり、教団は分裂することになる。

ここのところは、一本道である。あれこれの歴史書を積み上げて、面倒な考証をする必要もない。釈尊が入滅されて、釈尊という人格的理想が消滅し、それに代える抽象的理想が設定されたところだけを見て、その後の展開はほぼ正確に予想できるのである。

思想の歴史とは、そういうものである。おのずからなる発展がある。あるいはおのずからなる退歩がある。

もっとも、だからといって、その後の教団の発展・展開、または分裂・抗争の歴史の叙述を、わたしはすっぽ抜かそうとしているのではない。固有名詞を羅列して、微に入り細に入り記述しようとは思わないが、ある程度のことはこれから書く。しかしその前に、読者におおまかな仏教思想の展開の筋を摑《つか》んでおいてほしかったのである。すなわち、目標（悟り）にこだわりはじめると、逆に手段・方法論に関して論争が生じ、教団は一つにまとまらない。自然に分裂してしまうものだ——といった大筋を、実際の歴史を語る前に述べておきたかったのである。

さて、そこで……。

実際の教団の歴史を述べねばならない。が、それに先立って、在家信者の動向に関して一言しておきたい。

じつをいえば、在家信者は、ここでいったん仏教史の表面から姿を消すのである。劇でいえば、舞台からの総退場である。

その理由は、釈尊という偉大なる人格理想が消滅してしまったからである。

これまでわたしが使っていた譬喩で言えば、釈尊という偉大なる病院長が逝去されたもので、通院患者に相当する在家信者は病院（仏教教団）に行かなくなったのである。もしも仮に、初代病院長＝釈尊に替わる第二代病院長が魅力ある人物であれば、在家信者（通院患者）も病院に通いつづけたかもしれない。けれども、そのような第二代病院長は出現しなかったのだ。教団（病院）は、入院患者（出家者）たちによって、集団合議制で運営された。要するに病院は、入院患者たちの組合のようなものであったのだ。それだから、病院長の死とともに、通院患者たちは病院を離れてしまったのである。

では、歴史の舞台からいったん総退場した在家信者たちは、いつになったら再登場するのだろうか……?

そして、再登場するまでのあいだ、彼らは舞台の裏側で何をしていたか?

何をしていたか?……といえば、それは仏塔崇拝である。

仏塔とは、ストゥーパである。釈尊の遺体を荼毘《だび》に付し、残った遺骨——仏舎利《ぶっしゃり》という——を納めたストゥーパが、最初に八つ建立された。そしておそらくは二百年もしないうちに、八基のストゥーパの仏舎利が分骨され、数多くのストゥーパが建立されたものと推定される。

このストゥーパに、在家信者たちは参詣をつづけたのである。

それは、宗教学者のいう聖遺物崇拝である。

彼らは、釈尊の肉体(遺体)に執着しつづけていたのだ。

そして、その仏塔崇拝のうちから、やがて新しい仏教が芽生えてくる。

その新しい仏教が大乗仏教である。

それはいつのころか……?

釈尊入滅後、数百年ののちである。

したがって、その数百年のあいだ、仏教の歴史の舞台には、出家者だけがいたわけだ。

▼根本教団・原初教団・部派教団

では、次に、出家者のほうである。

出家者は、釈尊の時代からの伝統ある教団を維持し、そして各自は修行に励んでいた。この教団を「サンガ（saṃgha）」と呼ぶ。漢訳仏典では、「サンガ」は「僧伽《そうぎゃ》」と訳されている。「僧伽」の省略形が「僧」である。日本語では、「僧」はたった一人のお坊さんを呼ぶ語であるが、これは本来は集合名詞である。

さて、この仏教教団（サンガ）であるが、釈尊の滅後百年ほどのち、教団は二つに分裂する。これが「根本分裂」と呼ばれるものである。分裂して、上座部《じょうざ》と大衆部《だいしゅ》になった。そして、上座部も大衆部も、その後は細かく分派するのである。そのように分派した教団を、われわれは部派教団と呼ぶ事ができるであろう。

では、分派する前の教団は、どのように呼べばよいか？

わたしは、分派以前の教団も、釈尊の在世のころの教団と、釈尊入滅後の教団と、二つに分けるべきだと思っている。そして、前者を根本教団と呼び、後者を原初教団と命名したい。そうしたほうが、歴史の叙述に便利なのである。

つまり、こういうふうになる――。

〈根本教団（根本サンガ）〉……釈尊存命中の教団。

〈原初教団（原初サンガ）〉……釈尊入滅以後、上座部と大衆部に二大分裂するまでの教団。

〈部派教団（部派サンガ）〉……上座部および大衆部という二大教団と、そこから分派した諸教団。

これが、仏教教団の変遷史である。上座部と大衆部との根本分裂は、仏滅後百年ごろとされているから、原初サンガの時期は約百年間であったわけだ。そして、部派教団の時代に、先程述べた大乗教団が、仏塔信仰を母体にしながら新たに歴史の表面にあらわれる。その時期は、仏滅後数百年のころであった。

▼四方サンガと現前サンガ

根本サンガが釈尊を中心に運営されていたことは、改めて指摘するまでもないことである。弟子たちは、さまざまな疑問に直面したとき、あるいは相互のあいだで意見の相違をきたしたようなとき、釈尊に尋ねて、釈尊に決定してもらえたのである。

問題は、釈尊の入滅後である。

すなわち原初サンガであるが、では原初サンガの運営はどうなっていたか……?

じつは、仏教のサンガは、二重構造になっているのである。

二重構造というのは、わたしたちの眼に見える現実のサンガの上に、眼に見えない、イデア(理念)としてのサンガが置かれているのである。

その現実的なサンガを……「現前サンガ(saṃmukhībhūta-saṃgha)」という。

理念的なサンガを……「四方サンガ(cāturdeśa-saṃgha)」と呼ぶ。

「現前サンガ」は、現実の・実際のサンガである。ある土地に四人以上の比丘がいると、そこに現前サンガが出来あがる。現前サンガの構成員は四人以上である。多いほうの人数の制限はない。

そして、この現前サンガの地域的限界を「界（シーマー。sīmā）」という。「界」の境は、市や町などの行政単位になっていることもあるし、山や河など自然によって区切られていることもある。

そういえば、やくざの縄張りを「島」と呼ぶ。辞書（『日本国語大辞典』小学館）には、

「島・嶋……⑥ある一区画をなした土地。限られた地帯、特定の地帯をいう。勢力範囲。地盤。縄張り。界隈」

とある。ここでいう「島」は、「シーマー（界）」に由来するのではなかろうか……。そんな語源説を考えたくなる。

それはともかく、現前サンガは自治の単位である。

どの現前サンガに属するかは、まったく自由である。一つの現前サンガから、別の現前サンガに自由に移ってよい。いや、比丘《びく》（男性の出家者）や比丘尼《びくに》（女性の出家者）は、むしろ遊行生活がタテマエであったのだから、一つの現前サンガに留まっている必要はなかったのである。

ただし、比丘・比丘尼がいずれかの現前サンガに属していれば、その現前サンガの会議に出席する義務があった。

また、在家信者からサンガに布施された食物や衣服等は、その時点でその現前サンガに属している比丘たちのあいだで平等に分配されることになっていた。

つまり、現在のことばで言えば、消耗品については、現前サンガの権限なのである。だが、備品

や財産についてはそうではない。備品や財産——すなわち僧園や精舎等は、現前サンガの権限外である。現前サンガが勝手に処分してしまうと、将来それを利用したい他の比丘たちが困るからである。

したがって、僧園や精舎等は、現前サンガを越えた、広い意味でのサンガの共有財産なのだ。その広い意味でのサンガ——すべての比丘・比丘尼を構成員とするサンガを、「四方サンガ」と呼ぶのである。

すべての比丘・比丘尼……といったことばを、たんに空間的に考えてはいけない。たとえば、仏滅後五十年の時点に立って、インドの地で修行をしているすべての比丘・比丘尼を集めても、それが四方サンガにならないのである。「すべての……」といったことばには、時間軸の上で未来に入ってくるサンガの構成員まで含んでいるのである。仏滅後五十年の時点で、今後三百年後に参加してくる比丘・比丘尼を想像しているのだ。

したがって、四方サンガは、地球上のあらゆる場所と永遠の時間軸の上に構築されたサンガである。だから、理念的な存在なのだ。

僧園や精舎等は、この四方サンガに属しているのである。現前サンガが勝手に処分することは許されない。

それから、戒律についても、現前サンガにはそれを改廃する権利はない。戒律はサンガの秩序そのものであるから、小人数のグループの都合にあわせて勝手に変更されると、仏教教団としての秩序が崩潰してしまうからである。したがって、戒律の改廃は、四方サンガの権限なのだ。

ということは、戒律は絶対に改廃できぬわけである。

なぜなら、四方サンガは、過去、現在、未来の三世にわたり、永遠に存在をつづける教団だからである。それを招集することはできない。

というよりも、四方サンガは戒律そのものであるというべきか……。

そして、その戒律は、釈尊の制定されたものである。

問題は、じつはここのところにある。釈尊が制定され、絶対に改変することのできぬ戒律——。

それがやがてサンガの足枷《あしかせ》となるのである。そして、サンガを分裂させる。それは、釈尊入滅後百年のころの出来事であった。

二　小々戒は捨てるべきか

▼小々戒は捨ててもよい

前節で、わたしは、サンガ（仏教教団）の二重構造について述べた。

釈尊亡きあとの原初仏教教団のあり方は、

理念態としての……四方サンガ

現実態としての……現前サンガ

の二重構造になっていたのである。現前サンガは、個々の比丘《びく》（男性の修行者）・比丘尼《びくに》（女性の修行者）が所属する現実の教団である。そして、そうした現実の教団を超えたところに、理念的・精神的な存在としての四方サンガがあった。これは、時間・空間を超越した存在であり、その本質は釈尊が制定された秩序としての戒律である——。

ところで、その「戒律」であるが、ここで時間の針を少し逆転させて、釈尊入滅直後に開かれた第一結集《けつじゅう》に戻りたい。釈尊が亡くなられたあと、釈尊がなにを教えられたかを確認するために、五百人の弟子たちがマガダ国の首都＝ラージャガハ（王舎城）に参集したことは、すでに述べておいた。この会議を「第一結集」といい、また「五百結集」ともいう。会議（結集）の主宰者は大カッサパ（漢訳仏典では摩訶迦葉《まかかしよう》）であった。そして、教法（釈尊が何を教えられたか）の部門に関しては、永年釈尊の侍者をつとめたアーナンダ（阿難）が中心となった。また、戒律に関しては、ウパーリ（優婆離《うばり》）が中心となったのである。

わたしは、この第一結集が、結果的には釈尊の教えを固定化してしまったと、ちょっと非難の気持ちをこめて指摘しておいた。教えの固定化とは、アーナンダが中心となった教法（経）の部門に関することである。ところで、ウパーリが中心となった戒律の部門に関しても、第一結集は結果的に釈尊の精神を固定化・形骸化してしまったとしか思えないのである。

というのは、……。

『律蔵』小品（「南伝大蔵経」第四巻、四三〇～四三二ページ）に、次のような記述がある。

結集の最中に、突然、アーナンダがこんなことを言い出したのである。

「世尊（釈尊）は入滅の直前、わたしにこのように言われた――。〝アーナンダよ、わたしが亡くなったのち、サンガがもしそれを欲するならば、小々戒は捨ててもいいのだよ〟と」

これは、ものすごく重大な発言である。

それで、大カッサパはアーナンダに訊《き》いている。

「で、あなたは、〝小々戒〟とは何かを、世尊に問い尋ねたのか……？」

「いいや、尋ねなかった」

アーナンダはそう答えている。明らかにアーナンダの職務怠慢である。アーナンダは侍者であったのだから、釈尊の真意を確めておく必要があった。それをやっていないのだから、大カッサパに糾弾《きゅうだん》されても仕方がなかろう。

しかし、また逆に、いくらアーナンダを糾弾してみても、どうしようもないのである。いったい「小々戒」とは何か……？　五百人の比丘たちは議論をはじめる。

四波羅夷《はらい》を除いて、あとは「小々戒」である――。そんな意見が出される。〝波羅夷（パーラージカ）〟とは重罪であって、これを犯せば教団追放になる罪をいう。具体的には、婬・盗・殺・妄の四戒（四波羅夷）である。殺は「断人命」で、人命を奪った場合。妄は「大妄語」といって、悟っていない者が悟ったと嘘をつくことである。これが基本の戒律で、それ以外は小々戒だというのである。まあ、そのような考え方もありうる。

四波羅夷罪についでの重罪は「僧残罪《そうざん》」といって、十三ある。そこで、四波羅夷と十三僧残が基本の戒で、あとは「小々戒」だ――という意見も出てきた。たしかに、それだって一理ある。

ともかく、そんな調子で議論百出し、容易に決着を見ない。

そこで、最後に、大カッサパが断を下したのであった。

▼妥協を拒否した第一結集

「われらは、釈尊が制定された戒律を、残りなく厳守しよう――」

それが大カッサパの提案であった。そして会議に参集した五百人の弟子たちは、その提案をうけいれた。すなわち、廃すべき「小々戒」などない――といった結論に達したわけである。

「僧伽《そうぎや》（＝サンガ）は、未制を制せず――所制を壊《やぶ》らず――制に随って戒を持して住せん」（「南伝大蔵経」第四巻、四三一ページ）

これが、戒律に対する原初教団の基本的態度である。「未制を制せず」とは、釈尊が定められなかった戒は、のちに追加してはならないのである。「所制を壊《やぶ》らず」とは、釈尊が制定された戒は、一条たりとも捨ててはならないのである。そうして、釈尊の制定されたままに戒を持して行こう……というわけだ。

たしかに、すばらしい決断である。

原初教団がこのように戒律を厳格に固定してしまったから、じつは「四方サンガ」が成立するのである。四方サンガとは、つまりは固定された戒律である。戒律の制定・改廃の権限を現前サンガに与えてしまえば、時代々々の要請によって教団が右往左往することになる。そうさせないために、四方サンガがどっかと存在していなければならない。

なるほど、政治的な法律は、時代によって変わってよい。というより、時代にあわせて改変されるのが、政治的な法律である。
けれども、宗教の理想はちがう。

宗教の理想は、時間・空間を超越した普遍的理想でなければならない。

だから、大カッサパの決定は、その意味では正しかったのである。五百結集において、これこれの戒は「小々戒」であるから……との理由で、それを廃止したとする。そうすると、必ず次々と「小々戒」が出てくるであろう。玉ねぎの皮をむくような調子で、その結果、すべての戒がなくなってしまう。

そうなんだ。いま、大乗仏教は、日本仏教は、そんなありさまになっていないか。「これでも〝仏教〟なんですか……」と、慨歎の声が思わず知らず発せられるほど、日本仏教の現状は堕落の極みにある。それというのも、どこかで、ほんの一歩だけ、大乗仏教は妥協をしたからである。現実と妥協し、理想をほんの少しゆるめたためである。その結果、ついズルズルと現実に引きずられるはめとなる。

したがって、妥協をしてはならないのである。ほんの少しの妥協も許されないのだ。それが原則である。その原則に照らして、大カッサパの判断は正しかったのである。

▼仏教における主体性

とはいえ、……。

ここのところが非常にむずかしい。

読者に考えていただきたいのは、「小々戒は捨ててもよい」というのは、釈尊のことばであったという点である。では、釈尊は、なにを思って「小々戒は捨ててもよい」と言われたのであろうか……？　そして、小々戒を捨てないと判断した第一結集の決定は、釈尊の真意に悖《もと》るのであろうか？

さまざまに議論の岐《わか》れるところである。

いや、議論はさまざまに岐れてよいのである。

ここのところは重要な問題だから、仏教者はそれぞれこの問題を自問自答すべきである。

ちょっと横道に逸《そ》れて言っておく。わたしは、仏教経典のほとんどが、

「如是我聞」（かくのごとくに我れ聞けり）――

で始まっている点に、大きな意義を感じている。つまり、

「釈尊はこのように語られた――」

ではないのである。釈尊の語られたことばを、わたしがどのように聞いたか……が重要なのだ。

仏教は、したがって、客観的な仏の教えであるよりも、その仏の教えをどう主体的に受けとめて行くか、そこのところに存在の基盤があるわけだ。形骸化された教理や戒律は、むしろ仏教にとって邪魔物であるかもしれない。わたしはそう思っている。

だとすれば、われわれは、各自が「小々戒を捨てるべきか否か？」を判断せねばならない。各自

の「如是我聞」を、ここで発揮すべきなのだ。

そして、——。

わたしはこう思う。

小々戒は捨てるべきであったのだ、と。

したがって、大カッサパをリーダー（指導者）とする第一結集の決定はまちがいであった。その決定は、釈尊の精神に悖っている、と。

だが、わたしのこのような発言に対しては、いったい「小々戒」とは何なのか……、アーナンダがしっかりと釈尊に確めておかなかったから、わからぬではないか……、といった反論があり得よう。どこまで捨てるべきか、逆に言えば、何を残すべきか、簡単に決定できそうにないのである。だからこそ、第一結集においても、議論が百出したわけである。

それに対するわたしの意見は、こうだ——。

なにが「小々戒」であるか……、それを決めるのは各自である。

仏教者は、めいめいの主体性において、いずれが「小々戒」であり、なにが捨てることのできない「基本戒」であるかを決めねばならぬ。それを決めるのが、仏道修行の一環なのだ。

つまり、「持戒」ということは、たんに与えられた戒律を後生大事に守ることではない。自分はなにを「戒」として持《たも》つかを決定するのも、「持戒」なのだ。

釈尊は、きっとそこまで考えられて、「小々戒は捨ててもよい」と言われたのだと思う。アーナンダは、たしかに何が小々戒であるかの確認を怠ったが、それだけでもってアーナンダを責めるのはおかしいだろう。釈尊のことだから、たといアーナンダがうっかりしていても、大事なことであればご自分のほうから注意されたであろう。あるいは、小々戒の限界が劃一的にはっきりしているのであれば、いずれの戒を残し、いずれの戒は捨ててよいと、最初から釈尊のほうで明示されたであろう。

——「小々戒」——

という漠然とした表現をしておられるところに、わたしは釈尊の真意を読み取りたいのである。

▼戒は北を示す磁石である

脱線のついでに、もう少し述べておく。

いや、わたしは、自分ではそれほど脱線しているとは思っていない。なぜなら、わたしの書きたい思想史は、「対話の思想史」である。その点は、すでにお断りしておいたはずだ。わたしが歴史の各段階に立ったとき、いったい何を考え、どのように行動するであろうか……。わたしは、常に歴史と「対話」しながら、仏教思想史を書き綴りたいと思っている。

そのわたしにとって、「小々戒」とは何か？……は、非常に重要な問いである。そしてわたしは、

——いずれの戒を持《たも》ち、

——いずれの戒を捨てるか、

それを決めるのは、各自の「如是我聞」であると言った。そこのところを、もう少し補足しておきたい。

じつをいえば、わたしは、「捨戒法《しやかい》」に触れておきたいのである。

先程述べたように、婬・盗・殺・妄の四戒は、最も重要な戒律である。これを犯せば波羅夷《はらい》、すなわち教団追放になるわけだ。ところが、それほど重要な婬戒のところに、「捨戒法」が付されているのである。すなわち、婬戒は次のようになっている（「南伝大蔵経」第一巻、三六ページ）。

何《いず》れの比丘《びく》と雖《いえど》も、比丘の学戒を受け、戒を捨てず、戒羸《よわ》きを告示せずして不浄法を行ぜば、たとひ畜生と為すと雖も、波羅夷にして共住すべからざるものなり。

受戒ののち、戒を捨てず、力弱きことを告げずして婬戒を犯した者は、波羅夷罪だというのである。ということは、自分に力がなく、他からの誘惑に抗しきれなくなった者は、捨戒をすればよいわけだ。捨戒とは還俗《げんぞく》の意味である。還俗をして、いったん在家になる。そうすれば、在家には婬戒は適用されないから、戒を破ったことにはならないのだ。

そして、彼は、もう一度受戒をすればよい。受戒をして比丘になればよいのである。再び比丘となって、再度誘惑に抗しきれなくなったときは、また還俗すればよい。在家と出家を、なんど往復してもよいのである。

しかも、捨戒の方法は簡単である。

「われ、戒を捨てる！」

「われ、在家となる！」

と、他人にわかるように宣言すればよい。そうすれば、その場で還俗したことになり、比丘でなくなるのである。

このような戒の守り方があるわけだ。婬戒は波羅夷罪であって、極重罪である。だから、「小々戒」とは言えない。けれども、その婬戒だって、捨ててよいと釈尊が言っておられるのである。

戒とは、理想である。いわば磁石のようなものだ、と、わたしは思っている。磁石はいつも北を指していてくれる。

だが、わたしたち人間が歩く道は、曲がりくねっている。まっすぐ北に向かって歩くことはできない。

だから、磁石（戒・理想）が必要なんだ。わたしはそう思う。道がまっすぐ北に向かってついていて、わたしたちがその道を歩けるのであれば、磁石なんか不要であろう。道のままに歩いて行けばいいのだから……。

戒（磁石）は、わたしたちがそれを持《たも》てないからこそ、わたしたちに必要なのだ。

したがって、後生大事に戒を守りつづけるだけが、仏教の精神ではなかろう。わたしはそう思っている。第一結集において、「小々戒」までも含めていっさいの戒律を固定してしまったやり方は、だからわたしは反対である。わたしは、それは釈尊の精神に反すると思っている。

▼原初教団の形式主義

ここで、もう一度話を元に戻す。

第一結集において、

「サンガは、釈尊が制定されなかった戒は制定せず、制定された戒は廃さず、制定されたままに保持して行く」

といった基本的態度が確認された。問題は、その結果である。

誰が考えてもわかることだが、時代の変遷とともに戒律を守るのは困難になる。たとえば、釈尊の時代には、貨幣経済はそれほど発展していなかった。そんな時代に制定された戒律が、貨幣経済の発達した世の中で通じるだろうか……。

じつは、二十世紀の現在にあっても、スリランカやミャンマー（ビルマ）などでは、この原初教団の伝統が守られているのである。これらの国は、いわゆる「小乗仏教」の国である。戒律を厳守するのが、小乗仏教の特色である。しかし、その戒律では、比丘が金銭を所持してはならないのである。でも、二十世紀にあって、金銭を持たずに人間が生きてゆけるだろうか……。金銭なしでは、電車やバスにも乗れやしない……。

釈尊のころは、たとえばガンジス河の向こう岸に舟で渡りたいとき、渡し守が奉仕の精神でもって比丘を無料で乗せてくれた。船頭が頑固に舟賃を要求すれば、見かねた旅人が舟賃を布施してくれたこともあったらしい。ときに釈尊は、神通力でもって河を渡られたこともある。ひょっとすれば釈尊は、頑固な渡し守に業を煮やして、泳いで渡られたのかもしれない。

昔はそうであったが、二十世紀の今日では、金銭を持たない比丘はどうすればよいのか……？

なに、簡単である。

在家の人間（とくに年少者）に金銭を持たせて、この者を侍者として連れて歩けばよいわけだ。小乗仏教の諸国のお坊さんたちは、そんなやり方をしている。

わたしは、そんなやり方に反吐《へど》をもよおすが、このやり方がじつは原初教団におけるやり方であったのだ。いくら時代が変わろうと、頑固に小々戒まで守ろうとすれば、このやり方しかないだろう。

そして、原初教団においては、いかにして戒に觝触《ていしょく》せずに目的を達成するか、その技法が開発されたのである。その技法が、「浄法」であり、また「浄語」である。

その一つ二つをお目にかけよう。

たとえば、「受蓄金銀銭戒」がある。比丘は、金や銀、または銭を受け取ったり、蓄えたりしてはならないのである。

しかし、抜け道がある。

寄進者は比丘にそのことを告げ、そしてその比丘の執事人——この人は在家の人間である——に金銭を渡し、この執事人が比丘のために衣を調えればよいのだ。先程言及した、小乗仏教諸国のお坊さんのやり方がこれである。そしてこの方法は「浄法」、すなわち合法なのである。

また、「壊生種戒」というのがある。仏教では草木も生きていると考え、比丘は生きている植物の根茎や果物の類を食べてはならないのである。

でも、心配することはない。比丘が生果を食べたいときは、在家の人に果物に傷をつけてもらって、生果でなくすればよい。

あるいは、「掘地戒」というのがある。地面を掘ると、地中の生きものを殺す結果となるので、比丘が地を掘ることは禁じられているのである。

では、どうするか？　これも在家の人に頼んで掘ってもらえばよいわけだ。

しかし、たとえば講堂などをつくる場合、比丘が工事の監督をすることがある。そのときは、「ここを掘れ！」と命令してはならない。なぜなら、「掘地戒」は、「人を教えて掘らせてもならない」としているからである。そこで比丘は、

「これを知れ！」

と命令するのである。「掘れ！」というのはいけないが、「知れ！」というのは「浄語」である。別段、違法のことばではない。……と、されているのだ。

これが、原初教団のやり方である。

そんなにまでして、戒律にこだわる必要があるのだろうか……。

そこのところは、読者のそれぞれが考えていただきたい。わたし自身は、とっくの昔に答えを出している。

「こだわる必要なんてない――」

それがわたしの主張である。そして、このような小乗仏教の形式主義に反撥して、大乗仏教が出現したのである。わたしは、大乗仏教を信奉しているのだ。

三　保守派と進歩派の分裂

▼仏滅年代とアショーカ王の即位年代

それは、釈尊の入滅後百余年のころと推定されている。

しかし、年代は例によって曖昧模糊としている。また、仏滅後百余年というその時期が、西暦でいえばいつになるのかに関しても、異説がある。一説によると、その仏滅後百余年という時期が、古代インドの帝王＝アショーカ王の即位の直前にあたるとされる。別の説では、アショーカ王即位の百年ほど前になるという。

つまり、仏滅からアショーカ王即位までが何年であったかに関し、二つの説があるわけだ。

一つは、『セイロン島史』によるもので、仏滅よりアショーカ王即位までは二一八年であるとする説。

もう一つは、中国に伝わった説一切有部《せついっさいうぶ》系統の伝承である。こちらのほうは、その年数を一一六年としている。

じつをいえば、アショーカ王即位の年がほぼわかっている——西暦前二六八年ごろ——ので、釈尊の生没年はそこから逆算するのである。そして、釈尊の没年からアショーカ王の即位までの年数が、二一八年と一一六年の二説があるので、没年のほうにも二説があることになる。さらに、仏滅後約百年のころという時期が、アショーカ王即位の直前になるか、それともその百年ほど前になるかという点に関しても、同様に異説があることになる。インド仏教史の叙述では、いつもこの年代の問題で苦労させられるところである。

だが、われわれの関心はインド仏教「思想」史である。思想の展開がわかれば、大部分の目的は達せられている。だとすれば、釈尊の入滅後百年のころ、仏教教団にちょっとしたもめごとがあり、それが契機となって教団が分裂するにいたったことがわかっているのだから、ある意味では充分といえそうだ。年代の問題にはこれ以上穿鑿《せんさく》せず、先をつづけよう。

［ただし、わたし自身は、釈尊の没年からアショーカ王の即位までを二一八年とする説を採用している。したがって、釈尊の入滅後百年という時期は、アショーカ王の出現の約百年前である。］

▼「十事」の対立

釈尊の入滅後百年あまり——。

釈尊の入滅直後の仏教教団は、中インドを中心にした地方教団にすぎなかった。

しかし、その後、西方や南方へ仏教の伝道がはじめられ、仏教教団は大きく発展して行った。アショーカ王のころになると、西方の都市であるマトゥラーや南方の都市のウッジェイニーなどが、仏教の中心地となったという。

そのような地域的発展と百年という時間の経過の結果として、人々の仏教に関する考え方に大きな差がでてくるのは、あるいは当然のことかもしれない。そしてその考え方の差は、まず戒律に関して顕著になった。『異部宗輪論』や『セイロン島史』の記述によると、戒律に関する「十事」をめぐって、保守的な長老（上座）たちと一般の比丘たちのあいだで、意見が対立したらしい。

「十事」というのは、次のような問題である。

1　塩浄　2　二指浄　3　聚落間浄　4　住処浄　5　随意浄
6　久住浄　7　生和合浄　8　水浄　9　不益縷尼師檀浄　10　金銀浄

これらの「十事」は、戒律においてははっきりと禁止されているものである。けれども、時代の経過とともに、あるいは地方の特殊事情によって、戒律の遵守が困難になったものもある。そのようなものは少しぐらい緩和してよい、というのが一般の比丘の主張であり、それに反対して戒律の墨守を言い張ったのが長老たちであったらしい。

だが、これら「十事」の内容は、あまりよくわからないのである。

最初の「塩浄」というのは、だいたいわかる。

比丘は、食物を保存しておくことは許されなかった。その日に受けた食物を、その日の午前中に食べてしまわなければならない。けれども、塩に関しては例外を認めてほしいというのが、この「塩浄」の主張なのである。なぜなら、塩は生活の必需品であり、いわば薬のようなものである。それに、塩の入手しがたい土地だってあるはずだ。だから、塩ぐらいは貯えておいてもよいではないか……というのが理窟である。

なるほど、これはある程度納得できる主張である。

ところで、賢明な読者は、気づいておられるかもしれない。比丘たちは、薬であればこれを貯えておいてよかった。じゃあ、塩を薬だと見なして、それで貯蔵すればよいではないか……と、便法を提案されるかもしれない。

なるほど、薬（尽形寿薬）であれば貯えることができる。が、しかしそれだと、病気以外のときに用いることはできないのだ。健康なときに塩を薬として用いると、それでも戒を破ったことになる。そうは簡単に行かないのである。

▼戒律解釈の問題点

第二の「二指浄」というのは、比丘は正午（太陽の南中時）以後は食事ができなかったが、しかし日が西に傾いても、その影が二本の指を横に並べた幅を過ぎないあいだは食事をしてよい――という意味だそうだ。つまり、ちょっとした時間の幅を認めようという主張のようである。

しかし、「二指浄」に関しては、別の解釈もある。すなわち、二本の指で食物をつまんで食べてよい――という主張だと解する解釈である。だが、何を二本指でつまんで食べるとよいのか、またなぜそれだと戒律を破ったことにならないのか、どうもよくわからない。教団には、すでに食事をすませた比丘でも、「残食」、つまり他人の食べ残しなら食べてもよいという規則《きまり》（戒律）があった。それと関連した主張かもしれない。

第三の「聚落間浄」というのも、やはりよくわからない。比丘が村から村へ行くときの、食事に関する除外例の主張らしい。Aの村で食事をし、いったん満腹した比丘は、Bの村では食事ができない（満腹した場合は、それ以上食べられないことになっている）。それを、Bの村では（別の村だから）食べられるようにしようというのであろう……。いちおう、そう考えておく。

次の「住処浄」は、集会のやり方に関する要求らしい。比丘の集会は「界（シーマー）」を単位に開かれる。しかし、「界」が広いと、構成員全員が集まることはむずかしくなる。だから、住んでいる場所を中心に集会を開けばよいではないか……といった主張がでてくる。そのような主張であったらしい。

第五の「随意浄」は、これも教団運営の規則に関するもので、全員が集まることのできない場合に事後承諾の制度を設けようというものである。

第六の「久住浄」は、ちょっとよくわからない。どうやら、地域の慣習的なものを認めようという主張であったらしい。

次の「生和合浄」は、乳からつくった飲料のようなものを、非時（食事をしてはならない時）に飲んでよいか……といった問題のようである。たとえば、砂糖は食物であるから非時に食べると戒律を犯したことになるが、砂糖水は食物でないから非時に飲める。乳そのものは食物であるが、それからつくった飲料はどうなるか？　そんな問題である。

第八の「水浄」は、飲酒戒に関したものである。酒にならない未成酒なら飲んでよいか？……といった争点であったらしい。あるいは、治病のために、酒を水で割ったものを飲んでもよいか？……といった問題であったと思われる。

第九の「不益縷尼師檀浄」は、これもよくわからない問題である。坐具のつくり方に関する問題であったらしい。

しかし、最後の「金銀浄」ははっきりしている。貨幣経済の進展とともに、出家者（比丘・比丘尼）が金銭を持たずに生活することが困難になった。そこで、ある程度の金銭を持てるようにしよう……というのが、進歩派の比丘の主張であった。この問題は、非常にやっかいな問題である。

▼進歩派も保守派も同じ穴の狢《むじな》

もう一度、最初の「塩浄」を考えてみよう。

わたしは、どちらかといえば、進歩派の人々に賛成である。塩ぐらいは貯えてかまわぬではないか、と考えるのだ。

そして、おそらく、釈尊その人が生きておられたなら、塩ぐらいはかまわないよ……と、塩についての特例を設けられたはずである。仏教が弘まって行けば、さまざまに風習・習慣のちがった地域の人々と接触する。だから、中インドを基準にして制定された戒律がそのままで通用しなくなるはずだ。そのことを見越して、釈尊はアーナンダに「小々戒は廃止してよい」と言われたのであった。わたしはそのように考えている。

だから、その意味において、わたしはどちらかといえば戒律の解釈をゆるやかにしようとする進歩派のほうに賛成である。

けれども、誤解しないでほしい。わたしは保守派と進歩派の対立において、進歩派を支持しているわけではない。

進歩派といっても、所詮は保守派と同じ穴の狢なのだ。

というのは、進歩派は、戒律そのものの改変を要求しているわけではない。戒律の条項そのものは釈尊が制定されたものであり、それが改変不可能なことは彼らも認めていたのである。その点では、保守派も進歩派も認識は一致していた。

進歩派が要求しているのは、「浄法」の追加である。

「浄法」というのは、前節にも述べたが、戒に觝触せずに目的を達成する、その技法である。いわば抜け道だ。

たとえば、「十事」のうちの「二指浄」のときに触れたが、いったん食事をすませた比丘は、二度と食事ができない。しかし、他の比丘の食べ残し、すなわち「残食」なら食べることができた。そこで、かりに大方の比丘が食事をすませたあと、信者から果物などがとどけられたとする。だが教団は、それを翌日までとっておくことはできない。いっさいの食物を貯えてはならぬという「宿食戒」に触れるからである。そんなとき、まだ食事をしていない比丘を連れてきて、これに少し食べてもらい、あとは「残食」だと宣言してもらうのである。そうすると、すでに食事の終わった比丘もそれを食べることができる。

これが浄法である。

けれども、こんな浄法があっても、僧院で共同生活をしていると、たいてい食事の時間が同じである。全員が食事の終わったあと、信者から食事がとどけられることもあろう。そんなとき、この浄法は使えないのだ。

だから、ひょっとすると、「二指浄」というのは、二本の指でつまんで食べられるものなら、食事のあとでもかまわない……といった新しい浄法を考案したのかもしれない。

ともかく、「十事」というのは、そんな浄法の問題である。なにも戒律そのものを改変しようというのではなかった。その辺のところを勘ちがいしないでいただきたい。

▼イスラム教の「聖法」

わたしはいま浄法のことを書いていて、突然、イスラム教の「聖法（シャリーア）」を思い出した。「聖法」は、神＝アッラーのことばである『コーラン』と、預言者＝ムハンマドの言行録である「伝承（ハディース）」にもとづいて制定されたものである。そしてそれは、神の命令の具体的・体系的表現であって、絶対不変とされている。

しかしながら、「聖法」は絶対不変であっても、「聖法」が成立した時代になかった事態や物品が合法か非合法かは、「聖法」の解釈によって決まるのである。そしてその解釈権は、その国の最高宗教指導者たちによる会議に属している。そのため、ときにこじつけ解釈が行なわれる。

大島直政氏の『イスラムからの発想』(講談社) によると、こんな面白い例がある。

神学者たちは、写真は偶像を禁止した「聖法」に違反すると考えていた。ところが、トルコ帝国のアブデュル・ハミット二世 (一八四二—一九一八) は、スパイ活動に役立てるため写真を合法化したいと思い、こう主張した。

——写真は光と影から構成される。しかし、光も影も偶像ではない。だから、写真は偶像とはいえず、偶像をつくることを禁止した「聖法」に違反しない。

と。

その結果、写真は合法とされたという。

また、同様に悪魔の発明品として非合法とされていた電信機を合法にさせるべく、彼は宮殿の一室に神学者たちを集めた。そして、そこへ電信機を持ち込み、外部から『コーラン』の一節を打電させる。

「これが悪魔の発明品なら、神のことばである『コーラン』を発信したり受信したりできるはずがない」

皇帝はそう言った。そしてこの論理でもって、神学者たちに電信機を合法と認めさせたのである。「十事」の問題は、これとよく似ている。よく似ているということは、原初教団において戒律が、いわばイスラム教の「聖法」のように受け取られていたことを意味しないか……。つまり、絶対不変のものとして、固定化されていたわけだ。

だが、イスラム「聖法」は、その淵源は神（アッラー）にある。人間は、それを絶対不変のものとして受け取るよりほかない。人間が自由勝手に改変できないのが、イスラム「聖法」である。

しかし、釈尊の戒律は、それと同じだろうか……。

釈尊の戒律を、神のことばと同一視するのはおかしい。わたしには、どうしても納得できない。明らかに、原初教団の考え方はまちがいである。まちがっている点においては、保守派も進歩派も同じである。一つ穴の狢《むじな》なのだ。

閑話休題《それはさておき》――。

▼上座部と大衆部の根本分裂

われわれはもう一度、実際の歴史の展開のほうに目を向けよう。

事実の問題としては、原初仏教教団の内部に、「十事」に関する争いが生じた。具体的にいえば、ヴェーサーリーの比丘たちが信者から金銀の布施を受けているのを知って、たまたまヴェーサーリーに遊行して来たヤサ（詳しくいえば、ヤサ・カーカンダカプッタ）という比丘が、戒律に反する行為としてこれを告発した。しかし、ヴェーサーリーの比丘たちは開きなおったらしい。しかも逆に、ヤサを排斥しようとしたようだ。

そこでヤサは、西方の比丘たちに応援を求めた。かくて争いは、戒律の緩和を要求するヴェーサーリーを中心とする東方の比丘たちと、西方の比丘たちとのあいだで、東西の対立となった。

そんなわけで、この問題に決着をつけるため、ヴェーサーリーの地で第二結集《けつじゅう》が開催されたという。

結集とは、「経典編纂会議」であると、前に第一結集を述べたとき説明しておいた。たしかに、仏滅直後に開かれた第一結集は、「第一回経典編纂会議」と呼んでいいと思う。しかし、仏滅後百余年に開かれたとされるこの第二結集――七百人の比丘が集まったので、七百結集ともいう――は、必ずしも経典編纂会議ではなかったようだ。東方の比丘たちが主張する十事が「浄」であるか否か、すなわち合法か否かを確認するための集会であったというべきであろう。

そして、結果的に、十事は「非法」とされた。

保守派の主張が通ったのである。

たぶん、いちど固定された戒律を、後世の人間が勝手に改変してはいけない、という論理が正当とされたのであろう。それはそれでわからないでもない理窟である。

しかし、十事が非法と判定されたにせよ、それで問題が解決されたわけではない。

進歩派の人々の不満は残る。その不満が、彼らに分派行動をとらせるにいたる。伝承によると、不満をもった進歩派の比丘が一万人集まって、別に彼らだけの結集をしたという。大デモンストレーションである。一万人といえばすごい数であり、彼らは数が多かったので「大衆部《だいしゅぶ》」と呼ばれた。少数派の保守派のほうは、「上座部」という。

すなわち、

上座部——保守派、少数派、戒律の墨守を主張。

大衆部——進歩派、多数派、戒律の緩和を主張。

の分裂である。これを「根本分裂」という。原初仏教教団が根本分裂（二大分裂）をして、空中分解をしてしまったわけである。ここで原初仏教教団は消滅し、以後、部派仏教教団の時代になるわけである。

▼仏滅後百年と一九八四年

じゃあ、おまえは、上座部と大衆部のどちらを支持するか？　あるいは読者から、そんな質問をされそうに思える。

いや、読者からの質問がなくても、わたしは「対話」の思想史を書きたいと思っているのだから、積極的にそのような質問を自問自答すべきであろう。わたしが仏滅後百余年の時点に立ったとき、いずれの派の主張を支持するか……？　その問いに応えるのが、思想史を書きつづける者の責務だと思う。

そう考えたとき、わたしは突然、『日本国憲法』を思い出した。戦争の放棄と戦力の不保持を宣言した『憲法』の下で、れっきとした軍隊が存在する現状。しかも、面白いことに保守政党は、軍隊は必要だから必要だと主張し、革新政党は『憲法』の条文を厳格に解釈することを主張している。上座部と大衆部との関係が、ここでは逆になっているわけだ。すなわち、保守的な上座部は、戒律の条文を厳格的に解釈せよと言っているから、現代の日本の革新政党に相当する。進歩的な大衆部は、解釈の緩和を言っているから、保守政党の主張である。完全に逆である。

ということは、保守や進歩なんて名称は、要するに便宜的なものなんだ……ということを意味しているわけだ。つまり、本質的に上座部が保守的で、大衆部が進歩的というわけのものではない。程度問題であり、比較の問題である。

上座部も大衆部も、所詮は一つ穴の狢《むじな》なんだ――。

わたしはそう思っている。それで、同じことばを繰り返しておく。一つの穴の狢だから、どちらをとるべきか迷う必要はない。どちらにも賛成できないわけである。

四　煩瑣な教学の展開

▼分裂すれば「正統」はなくなる

釈尊入滅から百年——。

ついに原初（原始）仏教教団は分裂してしまった。

わずか百年のあいだしか、原初仏教教団は存続できなかったわけである。

いや、そんなことはない。教団が分裂しても、そのいずれかの教団が釈尊の基本精神を継承しているはずだから、原初仏教教団は依然として存続している……。そういった意見もあるかもしれない。だが、果たしてそう言えるだろうか……。わたしには、どうもそうは思えない。

二大分裂（根本分裂）があったということは、分裂した双方が、自分たちのほうこそ「正統」だと主張していたことを意味している。それをわたしは、「保守派」と「進歩派」と呼んだ。そう呼ぶと、保守派が正統で、進歩派は革新的な主張をしているように思われる。そう思われては誤解になるので、念のため言っておくが、彼らは自分たちの派を、

——上座部《じょうざぶ》——

——大衆部《だいしゅぶ》——

と呼んでいたのである。「上座」というのはいわゆる「かみざ」であって、長老だから上座に席をとる。みずからを上座・長老と権威づけて呼んでいるわけだ。もちろん、だから自分たちのほうが「正統派」だというプライドをもっていた。

じゃあ、大衆部には、なんの矜持《きょうじ》もなかったのか……。そんなことはない。自分たちが多数派であるそのことによって、彼らは自分たちのほうの考えが正しいと信じていたわけだ。だから、「大衆」を名乗ったのである。

とすれば、上座部と大衆部のいずれを正統と認定すればよいか？

そんな認定はできっこないだろう。

上座部も大衆部も、ともに釈尊の基本精神を受け継いでいるのであり、と同時に、ともに釈尊の基本精神から踏み外れているのである。

なぜなら、Bの道を行ってもよいにもかかわらず（Bの道も釈尊の教えと言えるのに）、Aでなければならない——と主張すれば、それは釈尊の精神に悖《もと》るだろう。逆も同じである。Aが釈尊の教えと許容できるにもかかわらず、Bでなければならんと主張すれば、Bはやはり釈尊の真意を踏み外したことになるわけだ。

まあ、つまりは、上座部と大衆部に分裂してしまったそのことが、そのいずれにも「正統」を名乗る資格のないことを示している。かくて、根本分裂のその時点で、釈尊の「正統」の教えは消滅してしまったわけだ。

▼枝末分裂

いや、話はそれだけでは終わらない。

読者に、ある意味での勘を働かせてもらいたいのであるが、組織というものは一度分裂すると、その後も分裂を繰り返すであろうという予測がある。分裂は一度だけで終り……というわけには行くまい。むしろ、一度分裂した組織は、さらに細かく分裂するというのが、いわば自然の成り行きである。

事実、上座部と大衆部に分裂した仏教教団は、その後しばらくして細かな分裂を繰り返している。これを「枝末分裂」と呼んでいるが、その結果、西暦紀元前後の時期には、十八の部派ないしは二十の部派が数えられるにいたっている。

細かに分裂した部派の名前を列挙してみても、われわれの思想史にはあまり役に立ちそうにない。しかし、かといって、これを省略するのもどうかと思うので、いちおうリストにしておく。このリストは『異部宗輪論』(紀元後一世紀末から二世紀にかけて、ガンダーラの学僧＝ヴァスミトラ、漢訳名・世友《しょうゆう》が著わした書)の所説によるものである。これとは別の説もあることを、注意しておいていただきたい。

まず最初に分裂を起こしたのは、大衆部である。大衆部のほうが人数が多かったのだから、それだけ分裂も起きやすかったのであろう。

そのはじめは、一説部、説出世部、雞胤《けいいん》部の分出である。この三つの部派が大衆部を出て、新しく独立したわけである。大衆部そのものは、ちゃんと残っている。

次に、多聞《たもん》部が大衆部から分出した。

さらに、説仮《せっけ》部が独立している。

そして最後に、制多《せいた》山《せん》部、西山住部、北山住部の三部が、大衆部と袂《たもと》を分かっている。

したがって、四回にわたって、八つの部派が大衆部から分派独立しているわけだ。しかしながら、それでも根本の大衆部は最後まで残っている。だもので、大衆部のほうは「本末九部」と数えられている。

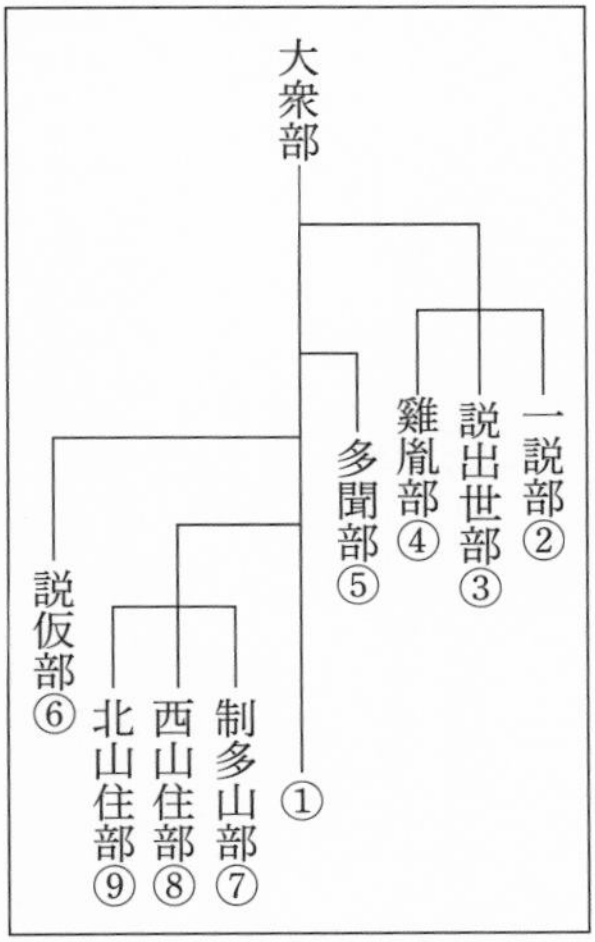

ここのところを表にすれば、当ページの上図のようになる。

もう一方の上座部のほうであるが、上座部は根本分裂から約百年間、分裂なしに和合がたもたれていた。大衆部のほうでは、すでにその頃に分裂があったのだから、こちらのほうは仲が良かったわけだ。まあ、上座部のほうが人数も少ないのだから、当然といえばい

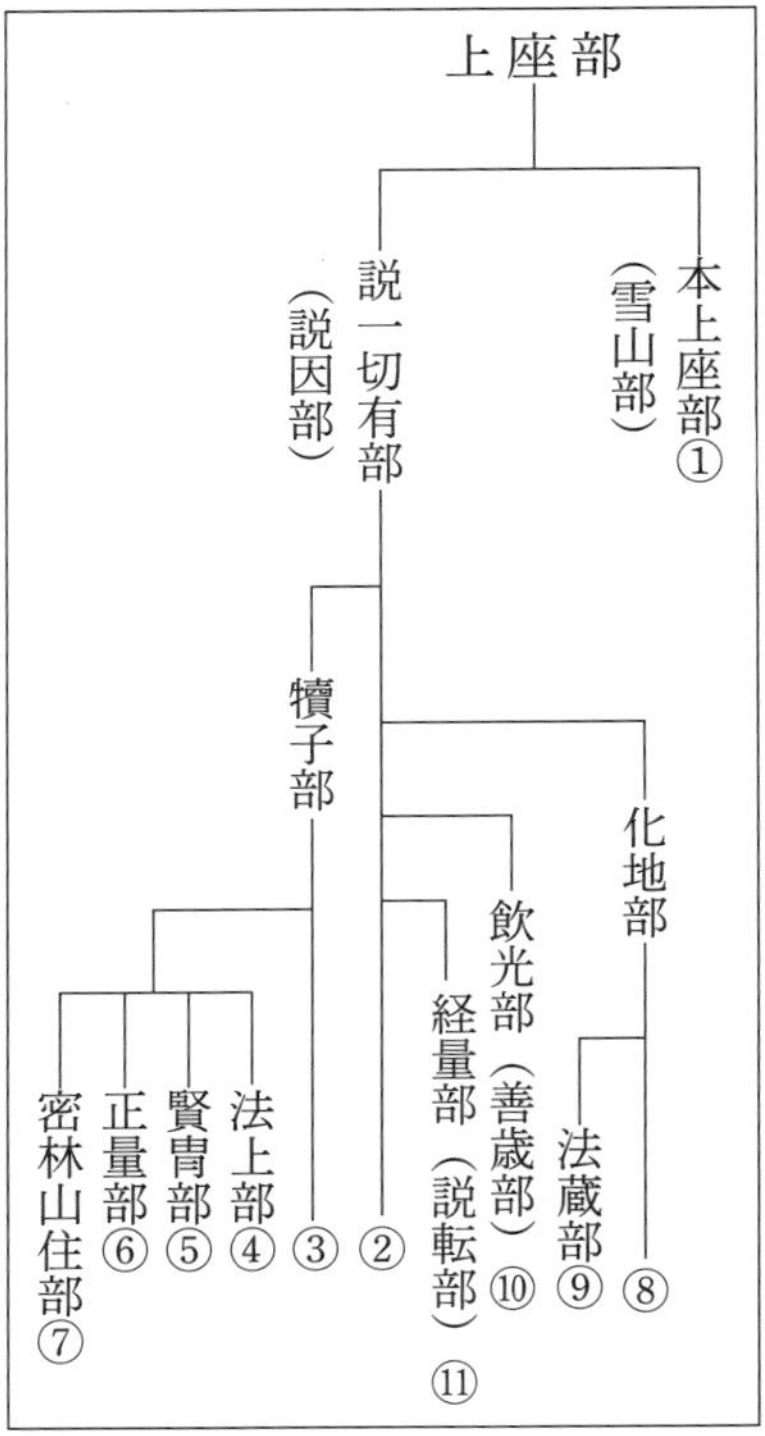

えよう。

しかし、分裂は時間の問題で、やがて上座部にも分裂騒ぎが起きてくる。

ところで、上座部のほうは、最初に二つの部派に分裂してしまった。本上座部（別名・雪山《せっせん》部）と説一切有部（略称・有部。別称・説因部）である。この分裂したいずれが根本上座部になるのか、よくわからない。本上座部という名称は、こちらのほうが根本の部派だと思わせるが、それにしては教団の本拠地がだいぶ北にかたよりすぎている。つまり、この部派の別名の「雪山部」というのは、ヒマラヤ（雪山）のことである。それに人数も少なかったらしい。のちの分派は、すべて説一切有部のほうから出ているのだから、こちらのほうが人数は多かったのであろう。

ともかく、上座部は本上座部と説一切有部に分裂し、そして次いで説一切有部から犢子《とくし》部が分出した。また、さらにその犢子部から法上部、賢冑《けんちゅう》部、正量部、密林山住部の四部が分出している。この場合、説一切有部はなくなったのではない。ちゃんと残っている。

さて、その残った説一切有部から、次に化地部が独立している。そして、その分出した化地部から法蔵部が独立している。

さらにそのあと、説一切有部から飲光《おんこう》部（善歳部ともいう）が分派独立した。

またそのあと、説一切有部から経量部（別称・説転部）が分出した。

これで上座部は、全部で十一部になるわけだ。

図示すると、前ページの図のようになる。

▼分裂の諸原因

以上は、仏教教団の分裂の様子を示したものである。

では、仏教教団は、なぜこのように分裂を繰り返さねばならなかったのか……？　その理由を、ちょっと考察しておく必要がありそうだ。

根本分裂の原因は、すなわち原初教団が上座部と大衆部に二大分裂することになった原因は、戒律に関する考え方の相違であった。厳格に戒律を履行しようとする保守派の上座部と、時代の要請にあわせて戒律を再解釈しようとした進歩派の大衆部とのあいだでの争いであった。

そして、根本分裂が戒律観の相違によるものであれば、たぶんその後の分裂においても、やはり戒律の解釈が問題になったにちがいないのである。その辺は、容易に推測がつく。いちどひびの入りはじめた茶碗は、ますますひびが入る。いずれこなごなになるにちがいないのだ。

たぶん、事あるごとに、戒律観の正邪が論争されたであろう。その対立の図式は、珍妙なものであったと想像される。

たとえば、甲の問題についてはAとBの意見が一致し、Cが反対にまわる。乙の問題においては、AとCが一致してBが反対にまわる。さらに丙の解釈においては、BとCの意見が一致して、Aが孤立する。そんなことがあったはずだ。なぜなら、今日の社会においても、それが論争の公式だからである。論争にもとづく分裂騒ぎのあるところでは、いつでもそんな珍妙な対立が見られるのである。

さらに分裂の原因として、教理解釈のちがいもあったであろうと推定される。

たとえば、上座部の説一切有部から最後に分派した経量部であるが、この部は「論」よりも「経」を重んじたという。そのため、そんな名称がつけられたわけだ。彼らは、したがって、第一結集のときに経蔵を誦出したアーナンダ（漢訳名・阿難《あなん》）を師となすと主張していたそうだ。

もちろん、アーナンダはとっくの昔に亡くなっている。にもかかわらず、アーナンダを担ぎだしてきたわけは、当時の仏教教団のあり方に彼らがだいぶ反撥をおぼえていたからであろう。

では、当時の仏教教団のあり方はどのようであったか？

それも彼らが教えてくれている。

すなわち、「経量部」という名称がそれだ。「論」ではなく「経」を……というのが彼らの主張である。それはつまり、当時の教団が「論」を中心にしていたからである。

論とは、サンスクリット語（梵語《ぼんご》）の〝アビダルマ（abhidharma）〟であって、これを〝阿毘達磨《あびだつま》〟と音写する。意訳をすれば〝対法〟となる。ダルマ（教法）に対する研究・注釈――といった意味である。

当時の部派教団にあっては、煩瑣《はんさ》な哲学的議論が盛んに行なわれていた。まさに、

――アビダルマ仏教花盛り――

の状態であった。まあ、そういった世の風潮に反撥して、もう一度、釈尊の教えから出発したほうがいいのではないか……と、そんな主張をする一派が出て来たわけである。それが経量部である。

▼経量部の主張

だが、経量部の主張を、読者は早とちりして、いわば革命的なものと誤解されないように……。この部派の主張は、それほど劃期的とは言えないのである。

というのは、かりに彼らが自分たちの主張を積極的に押し進めたとしたら、そこでは当然、

――「釈尊にかえれ！」

のスローガンがたてられていたと思われる。そのスローガンがあって、運動ははじめて革命的になるのである。

しかし彼らは、そうしなかった。

彼らが担ぎだしたのは、釈尊ではなしにアーナンダであった。

なぜか?

それは、当時すでに、「釈尊にかえれ!」を旗印とする運動があったからである。

その運動は、ほかならぬ大乗仏教である。大乗仏教の運動に刺激されたかたちで、経量部の「論より経へ」の提唱がなされたのではなかったか……。わたしはそのように推測しておく。経量部が説一切有部から分派したのは、たぶん紀元前一世紀のころで、その頃はすでに大乗仏教が興起していたから、この推測が成り立つのである。

ともあれ、当時すでに「釈尊にかえれ!」をスローガンとした大乗仏教の運動があった。その運動に鼓舞されて、部派教団のうちから釈尊の教え(経蔵)をもっと重んじよう……という主張が出てきた。しかし、その主張は、あくまでも部派仏教の枠内のものであった。だから、彼らはアーナンダを担ぎだしたのである。釈尊ではなしに、釈尊の教えを伝承した最初の人物にスポット・ライトをあてたところが、いかにも部派教団らしい発想である。したがって経量部は、「経」を重視するとはいえ、あくまでもアビダルマ仏教の部派でしかない。いわゆる小乗仏教の一派なのだ。その点を読みちがえてはならない。

また、経量部は、現在のみの実在を主張したといわれている。この主張は、彼らが分出した母体の部派である説一切有部が、過去・現在・未来の三世の実在(有《う》)を主張しているのに対してなされたものである。経量部の人々は、過去はかつて実在したもの、未来はこれから実在するもの、したがって未来は現在にあってはたんに「種子《しゅうじ》」として存在しているにすぎない——と、説一切有部の「三世実有」説を批判しているのである。この「種子」の考え方は、後世の大乗仏教の「唯識《ゆいしき》説」に影響を与えたものと考えられている。とにかく、経量部だって煩瑣《はんさ》なアビダルマ的議論をやっていたのである。だから、経量部は、小乗仏教以外のなにものでもないわけだ。

▼有部の十二縁起説

ついでに、ここで説一切有部（「有部」と略称される。われわれも以下では「有部」と呼ぼう）の教理体系の一端を垣間見ておこう。ほんとうは、わたしは、このような細かな、重箱の隅をつついたような議論はしたくない。このような議論がわからないと、仏教思想史が理解できない……などと思われては、どうにも心外である。

しかし、仏教の思想が発展して行く一段階にあっては、このような煩瑣な哲学説が形成されたことも、また否めない事実である。歴史にあったことを、一方的に無視するのはよくない。だから、その意味で、ちょっと紹介だけをしておくつもりである。

もっとも、都合がよいのは、わたしは前に「十二縁起（十二因縁）」の紹介をとばしてしまった。釈尊の教えが何であったかを論じているとき、「縁起」の理法が釈尊の中心思想であると言いながら、ふつうそこで扱われる「十二縁起」説を、それは釈尊その人の教説ではないという理由で端折《はしょ》ってしまったのである。

その十二縁起の体系が成立したのは、部派仏教の時代であると思われる。

そこで、部派仏教の代表である有部が、どのような十二縁起説を説いていたかを紹介しておこう。そうすれば、仏教教理が語られるとき、いつでも解説されている十二縁起の教えの概要を読者に伝えられるし、また部派仏教の教団がどのように教理体系をつくっていたかについても、ある程度の知識を伝えることができる。これすなわち一石二鳥である……。

有部の教理というのは、じつはわれわれの輪廻《りんね》の生存を十二縁起でもって説明したものである。もともと縁起の法則は——釈尊の説かれた真意としては——、なにも輪廻の状況を説明するためのものではなかった。釈尊はそれを、「苦」という人間の実存の状況を克服するために説かれたはずであるが、小乗仏教（部派仏教）の人々はまったく別の目的の教理にしてしまったわけである。

十二縁起（十二因縁）とは、

①無明《むみよう》——②行《ぎよう》——③識——④名色《みようしき》——⑤六処《ろくしよ》——⑥触《そく》——⑦受——⑧愛——⑨取《しゆ》——⑩有《う》——⑪生《しよう》——⑫老死

の十二支から成る。有部はこれを次のように解釈するのである。

まず、①「無明」と②「行」の二つは、われわれが過去世においてつくった原因である。われわれは過去世においてさまざまな「行」（行為、または業《ごう》）をやってのけた。その過去世の「行」は、すべて「無明」（根源的な無智）にもとづくものであった。したがって「無明」にもとづいて過去世の「行」があり、その結果、われわれの現在世における③「識」ができたわけだ。

「識」というのは、われわれが現世において母胎に宿った最初の瞬間の意識（結生《けっしょう》の識）である。そして胎児は、母胎にあって成長して行く。その成長段階が次に示されている。

④「名色」……託胎の瞬間から、まだ六根（感覚器官）のそなわらない生存状態。

⑤「六処」……「六入」ともいう。母胎内にあって、胎児に六根のそなわった状態。

このように、胎児に感覚器官（六処）がととのうと、母胎から出産する。出産した胎児が外界と接触するのを⑥「触」という。けれども、赤ん坊はまだ苦や楽、不苦不楽の感受作用をもたない。二、三歳のころまでは、「触」の段階にあるわけである。

⑦「受」……二、三歳のころから十三、四歳まで。この段階では感受作用（「受」）はあるけれども、まだ愛着（「愛」）はない。

⑧「愛」……思春期になって、愛着（「愛」）を起こした段階。

この「愛」が原因になって、われわれは⑨「取」（執着）を起こす。そして、その「取」が原因になって、⑩「有」がつくられる。「有」とは、どうやらわれわれを来世に輪廻転生させるエネルギーの蓄積のようなものであるらしい。スピードをあげて走る自動車は、ブレーキをかけても急には停まらない。そのスピードが「取」（執着）であり、停止線を越えて暴走するエネルギーが「有」であろう。したがって、この「有」が原因になって、われわれの来世における⑪「生」があるわけだ。

そして、来世における「生」があれば、また来世においてわれわれは⑫「老死」を体験せねばならない。かくて、輪廻は無限に繰り返されて行くのである。

▼「三世両重の因果」

以上のような、有部の十二縁起の解釈は、一般に「三世両重の因果」といわれている。どうしてそれが「三世両重」なのか、当ページの図を見ていただくと、たぶんおわかりになるであろう。

つまり、こういうことだ。

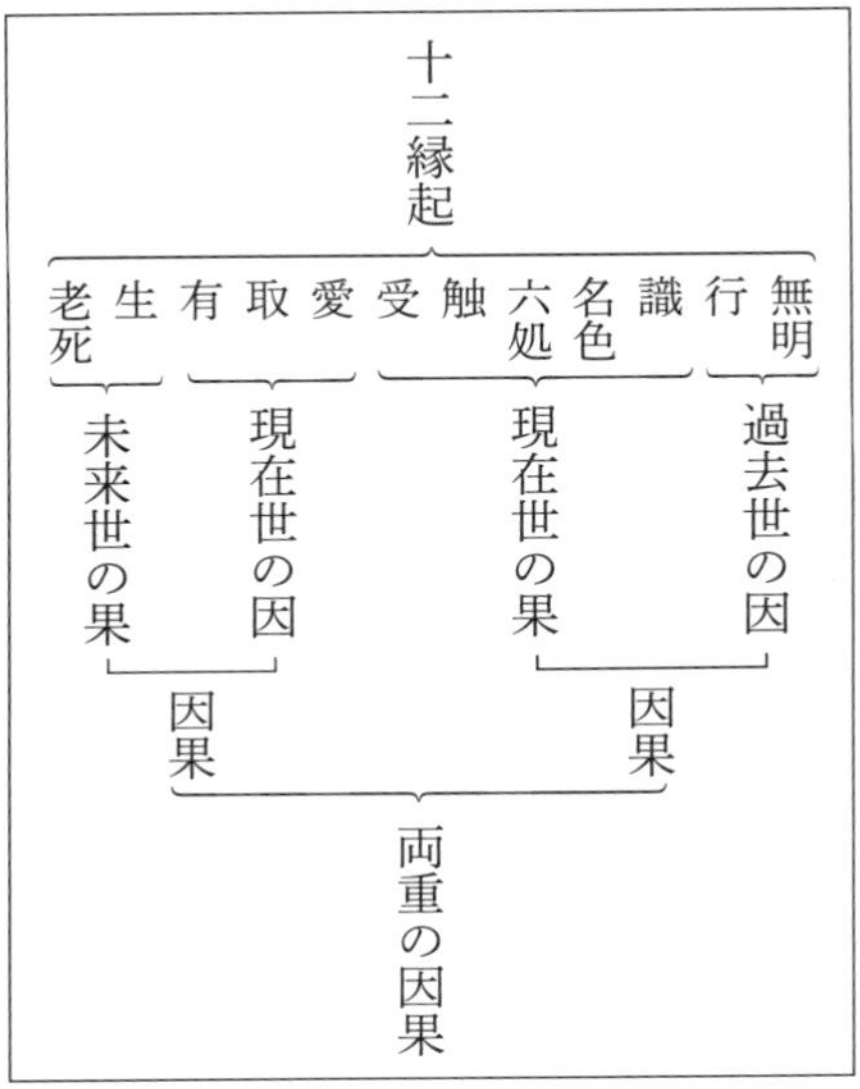

われわれは過去世（前世）にあって、「無明」（根源的な無智）の命ずるままにさまざまな善悪の行為（「行」）を積み重ねてきた。そして、それが原因となって、われわれはこの世に生まれた（受胎した）のである。その受胎の瞬間の意識が「識」である。

ついで、現在世（この世）におけるわれわれの人格形成がある。

受胎（「識」）以後、まだ感覚器官が生じてこない段階（「名色」）を経て、母胎内の胎児に感覚器官（「六処」）がそなわる。そして、胎児はやがて母胎の外に出て、外界と接触（「触」）する。次の段階では、この赤ん坊に感受作用（「受」）がそなわる。

……ここまでが、過去世の因の支配をうけた現在世の果である。

こうして「受」をもった人間は、その後、事物に愛着（「愛」）をおぼえ、執着（「取」）するようになる。その愛欲と執念がエネルギー（「有」）となり蓄積されて、それがわれわれを未来世に輪廻転生させる因となるのである。

かくて、現在世においてわれわれがつくったその因によって、われわれは未来世に誕生（「生」）し、再び来世において「老死」を体験せねばならない。それが未来世における果である。

……したがって、ここにも、現在世の因と未来世の果がある。これで、三世にわたっての二つの因果関係があるわけだ。

五 「仏教」から「仏教学」へ

さて、このような有部の教学は、はたして釈尊の根本精神を継承したものといえるであろうか……？

▼マルクスと釈尊

たぶん、誰が答えても「ノー」であろう。

いや、はっきり言って、このような煩瑣で重箱の隅をつついたような教理の展開は、釈尊の基本精神に悖《もと》るものである。わたしはそう思っている。

なぜなら、釈尊の「縁起説」は、われわれ人間存在の根底に横たわっている「苦」を、なんとかして解決しようとして説かれたものであった。それは、わたしのことばで言えば、「苦悩の病理学」の一環として説かれていたものである。

それに対して有部の「十二縁起説」は、現象・現実の説明のための理論でしかない。こんなところにマルクスのことばを引用するのもどうかと思うが、カール・マルクスは、哲学者たちは世界をいろいろに解釈してきたにすぎない。たいせつなのはそれを変更することである。(『ドイツ・イデオロギー』)

と言っている。わたしはいま、この文章を引用するために、岩波文庫の『ドイツ・イデオロギー』(古在由重訳)をとり出してきた。なつかしい文庫本であり、赤鉛筆や青鉛筆でいっぱい書き込みをしている。奥付によると、この文庫本は昭和三十一年一月の発行であるから、わたしが大学の一年生のときに読んでいたわけである。そして、「哲学者たちは世界を……」の文章に、赤い字で共鳴のことばを記している。「その通り!」と。

マルクスは、

——世界を解釈する哲学者——

と、

——世界を改革する革命者——

を言っているのである。ところで、そのことばをちょっと変えると、このようになるだろう。

——「苦なる人間」を解釈する小乗仏教(部派仏教)徒——

——「苦」なる人間を解脱させる釈尊——

と。

このように並べてみると、有部の教学(わたしは有部の教学を部派教団の典型的な教学だと思い、そういう立場で論じている。だから、これを「小乗仏教の教学」と読んでもらっていいのである)

が釈尊の根本精神に悖るものであることは、一目瞭然だと思う。わたしは本書の第一章第三節において、哲学的な議論の大好きな青年＝マールンクヤに、釈尊が忠告されたことばを引用しておいた。哲学的な問題にかかずらっていては、そなたは修行を完成することなく、命を終わってしまうだろう、と言われたあと、

「其故に是に、予によりて説かれざるを説かれざるままに受持すべし、又予によりて説かれしを説かれしままに受持すべし」

と、わたしたちがどうすればよいか……までを、釈尊はちゃんと教示しておられるのである。だとすれば、われわれは、有部の教学をこの釈尊のことばと照らし合わせて、批判的に受け取らねばならない。

▼輪廻を説明する仮説

しかし読者よ、どうか早とちりをしないでいただきたい。決してわたしは、有部の人々が馬鹿々々しい議論をしていたとは思っていない。彼らがこのような議論をしなければならない必然性は、わたしにも痛いほどよくわかるのである。

彼らの議論の底に流れる根本テーマは、

――いったい、何が、どのように輪廻するのか？――

といった疑問であった。

この問題は、今日でもよく議論されるところである。そして、いくら議論しても、よくわからぬ問題である。われわれは死後、地獄に堕ちたり、あるいは再び人間に生まれたり、それとも畜生界に生まれたりする、と言われる。仏教ではそう教えるのであるが、では、われわれの何が、どのようにして、地獄・畜生・人間界に再生するのだろうか？　それは「霊」「霊魂」と呼ばれるものか？　「霊魂」はどんな形をしており、どれくらいの大きさか？　それとも、「霊魂」ではなしに、別のものか？　別のものだとすれば、それは何か？

全然わからないのだ。

でも、それがわからないと、輪廻転生をうまく説明できない。

そこで、ある部派（犢子《とくし》部、正量部、経量部）では、輪廻する主体として「補特伽羅《ふとがら》（pudgala）」なるものを想定した。しかし、そんなものが実際にあると主張すると、それはたちまち仏教の「無我説」と矛盾してしまうので、

「非即非離蘊《うん》の補特伽羅」――すなわち、あるとも、ないとも言えないわれ。

といった、苦しい説明をしている。要するに、「何か」が輪廻すると言いたかったのである。その「何か」を立てておかないと、説明がしにくかったわけだ。

もっとも、部派教団のうちでも、有部をはじめとする他の部派では、そんな「補特伽羅」なんて

認めていない。すなわち、「何か」をなしで、なんとか輪廻の様子をうまく説明しようとしたのである。有部はそのために、「三世両重の因果」によって十二縁起の解釈をしたのであった。

そう思って、あらためて有部の十二縁起説を検討してみてほしい。読者はそれが、非常な苦心の作であることが、よくおわかりになるであろう。……前世でつくった業によって人間はこの世に出現し、最初は母胎の中にいて、のちに赤ん坊となる。そして、幼児期、思春期を経て大人になり、それが善悪の業を積み重ねて来世に輪廻する因をつくる。かくて人間は、輪廻をつづけるのだ。そのプロセスが、じつに美事に説明されている。

要するに、部派仏教の人たちは、輪廻を合理的に説明したかったのである。このことが、彼らの主たる関心であった。その点を見落とすなら、仏教思想史はわからなくなる……。

▼対岸の火災視

しかしながら、なんども繰り返すようだが、輪廻についてそのような説明・解釈をつけることは、必ずしも釈尊その人の真意ではなかったのである。釈尊が「仏教」を教えられたのは、そんなことのためではなかった。われわれは、その点を銘記しておく必要がある。

では、釈尊の精神と、部派仏教（小乗仏教）の人たちの考え方と、どこがどうちがっているのか？　それについては、こんな譬喩はどうだろうか……？

火事がある。どんどん燃えてきている。火は隣家にまで及んできた。

そこで釈尊が教えられたのは、消火活動である。

火を消さねばならぬ！　釈尊はそう言われた。そして、いかにすれば火が消えるか、その消し方をわれわれに教示されたのだ。

したがって、釈尊の教えのなかでは、放火犯人なんて問題にされていない。

釈尊その人は、すでに火を消された人である。

ご自分では火を消され、その体験にもとづいて人々に消火の方法を教えられていたのである。その消火活動の最中に、

「いったい、放火犯人は誰なんでしょう？」

「放火犯人を逮捕したとき、どのような刑を課せばよいでしょうか？」

と、そんなことを訊きに来る者がいれば、釈尊はきっと叱られたにちがいない。

「いま大事なことは、火を消すことなんだよ」

と。先程引用した、青年＝マールンクヤに対することばが、まさにそれなのである。

それが釈尊の場合であった。

ところが、小乗仏教になると、どうやら人々は、火事を対岸の火災視しはじめたようである。

なぜ、そうなったか……？

彼らは、火を消せるという自信が持てなくなっていたのだ。

というより、火を消さねばならぬ——という強い決意を、彼らは失っていた。

それで彼らは、放火犯人は誰か？　放火犯人は懲役何年の刑に処すべきか？　最も能率的な消火活動のあり方いかん？　といった議論にうつつをぬかすようになったのである。

いや、逆か？　放火犯人は誰か？……といった議論に熱中しはじめると、「火を消さねばならぬ！」といった決心は鈍る。そして、決心が鈍るから、そのために瑣末《さまつ》的な議論にうつつをぬかすことになるのだ。悪循環である。悪循環の結果、小乗仏教の輩は、哲学解釈ばかりに夢中になったのである。

――小乗仏教の輩は「苦」をいろいろに解釈しはじめた――

たいせつなのは「苦」から解脱することである。

われわれはマルクスに倣《なら》って、そのように言っておこう。

▼輪廻する主体についての釈尊の真意

以上は、譬喩である。しかし、譬喩は譬喩でしかない。これだけではわれわれが、釈尊が輪廻についてどのように考えておられたか、ちょっとわからない。

そこで、もう少し、この問題を突っ込んで考察してみたい。もちろん、問題を突っ込んで考察するといっても、小乗仏教と同じやり方をしようというのではない。ミイラ取りがミイラにならないように、その点は充分に注意せねばならない。

幸いに、現代の論理学（いわゆる「記号論理学」と呼ばれている新しい論理学）は、非常に進んでいる。現代論理学は、アリストテレス論理学とはちがった、新しい角度から「存在論」と取り組んでいる。その現代論理学の成果を――直接ではなしに間接に――、わたしはここで援用したいと思う。できるだけわかりやすく書くつもりであるが、ちょっと耳馴れぬ表現にぶつかるかもしれない。だが、あまり辟易しないでほしい。言っていることは、簡単なのだ。

さて、わたしの考えでは、釈尊は次のように「輪廻」を捉えられたのだと思う。

すなわち、

＊□は輪廻する。

と。この□に、読者はそれぞれご自分の名前を書き込んでもらうとよい。そうすると、

＊ひろさちやは輪廻する。
＊アーナンダは輪廻する。
＊サーリプッタは輪廻する。
＊モッガラーナは輪廻する。
＊…………

といったように、さまざまな文章（論理学的には「命題」といったほうがよい）が出来あがる。

そして釈尊は、これらの命題のすべてが正しい――と教えられたのだ。

現代の論理学者は、このような□を書くかわりに、〝x〟といった記号を使っている。それを使うと、先程の命題は、

＊ x は輪廻する。

あるいは、

＊ Fx：x は輪廻する。

と書かれる。そして、この x に、ひろさちややアーナンダ、サーリプッタ、あるいは読者ご自身の名前を代入すると、前のようなさまざまな命題ができる。そして釈尊は、x に何を代入しようとそれらの命題はすべて正しい――と教えられたのである。（論理学的に表現すれば、（x）Fx を肯定されたのである。）

つまり、われわれは、「x は輪廻する」の「x」に、何を代入してもよいわけだ。

ところで、じつはここからが問題であるのだが、釈尊の意図としては、この x は「あなた」でなければならなかった。「あなた」――は、もちろん釈尊が呼びかけられた「あなた」であって、すなわちわれわれ仏教徒である。わたしたちは、それぞれがその x に自分の名前を代入して、

＊わたしは輪廻する。

と自覚せねばならない。われわれにそのような自覚を促すのが、釈尊の真意であった。わたしはそのように受け取っている。そのように受け取るのが、わたしは正しいと信じている。

▼「人間」ではなしに「わたし」が問題

ところが、小乗仏教（部派仏教）の人たちは、そのように受け取らなかった。彼らは、釈尊の教説を自分のこととして受け取ることをやめて、一般的な問題としてしまったのである。前に譬喩的に指摘したように、対岸の火災視してしまったわけだ。

その結果、彼らは、*x*に「人間」を代入してしまった。

＊人間は輪廻する。

というのが、小乗仏教徒の理解であった。

しかし、そんなふうに理解すれば、問題が自分の問題だとは思えなくなってくる。まるで他人事のように思われてくる。対岸の火災視というのは、そのことである。

これは困ったことだ。だが、まだそれは許せる。許せる……などと、変な表現であるが、それだけのことであれば、釈尊の真意を完全に誤解したわけではない。

許せないのは、「人間は輪廻する」と読んだときに、その輪廻する「人間」とは何か？……という余計な疑問が出てくることである。輪廻をつづけて行く存在としての「人間」が議論の話題にされてしまうのだ。

わたしの言っていることは、わかりにくいであろうか……？

換言すれば、こういうことだ。

わたしが、「ひろさちやは輪廻する」と読んだ場合、問題は自分のことになる。どうすれば輪廻しないですむか、それを一所懸命考えるだろう。

ところが、「人間は輪廻する」と読んだのでは、問題が自分のことにならないのだ。いったい「人間」とは何か？　輪廻するのは、「人間」のうちにある「霊魂」か否か？　そんなことばかりが問題になる。それが小乗仏教の人たちの読み方である。だから、小乗仏教では、あのような十二縁起説だとか、補特伽羅《ふとがら》説だとか、重箱の隅を突ついたような議論ばかりが行なわれていたのである。

おそらく釈尊は、輪廻の問題を他人事のように考えられては困るので、わざと一般的な輪廻の法則を語られなかったのであろう。わたしはそう思っている。

それから、「人間は輪廻する」と読んだ場合であるが、これまでの形式論理学でこのような命題を解釈すれば、

「〝人間〟と呼ばれる存在がまずあって、そしてその〝人間〟が輪廻する」

といった意味になった。小乗仏教では、そのように解釈している。ところが、この点が現代論理学のすばらしい長所であるが、現代論理学ではそのような解釈をしない。

「*x*は何であってもよい。その*x*が人間であれば、*x*は輪廻する」

これが、「人間は輪廻する」といった命題の、現代論理学による解釈である。わたしは、このような現代論理学の解釈にしたがって、釈尊の真意が「ｘは輪廻する」であったと推測したのである。このように解釈すれば、小乗仏教の教学のように、いちいち「人間」が存在するかどうかを考えなくてすむわけである。

ちょっと肩の凝《こ》る議論を展開してしまった。しかし、実際に小乗仏教では、このような七面倒な理論が扱われていたのである。アビダルマ仏教、学問仏教の花盛り——であった。しかも彼らは、それが仏教において大事な議論だと思い込んでいた。

とんでもない！

そんなことはない！

それは釈尊の精神に悖る！

そのことを、わたしは指摘しておきたかったのである。

六　釈尊から離れた小乗仏教

▼論点の整理

もうそろそろ、この章を閉じようと思う。

この章においてわたしは、釈尊亡きあとの教団の動向を見てきた。

少しく整理しておこうか……。

釈尊入滅後ほぼ百年のあいだ、教団はそれなりの統一を保ってきた。わたしは、この百年間の教団を——（すなわち、分裂以前の統一教団であるが）——「原初教団」と呼ぶことにした。

原初教団の問題点は、釈尊の教えを固定化してしまったところにある。

もちろん、彼らは教えを固定化せざるを得なかったのだ。それはよくわかる。何が釈尊の教えであったかをしっかりと確認しておかないことには、教団の統一は保たれないからである。だから、彼らは、釈尊の入滅後、すぐに第一結集《けつじゆう》を開催した。第一結集は、いわば第一回経典編纂会議であり、そこにおいて経（釈尊の教え）と律（教団の規範）が確認され、固定化されたのである。

だが、いかんせん、釈尊の教え――すなわち「仏教」――の根本精神は、固定化・教条化を嫌うものである。釈尊の態度は「対機説法」「応病与薬」であって、超越的な真理の啓示ではなく、また劃一的な律法の押しつけではなかった。それ故にこそ釈尊は、

「自らを洲とし、自らを依所として他人を依所とせず、法を洲とし、法を依所として、他を依所とせずして住せよ」

と遺誡されたのであった。「法」（教え、真理）を取捨選択する主体としての「自己」の確立を言っておられるのだ。教団が「法」を固定化・教条化してしまえば、それは教団という「他人」を依所としたことになる。また、戒律については、釈尊は、

「小々戒は捨ててよい」

と遺言されている。にもかかわらず原初教団は、細々とした戒律（小々戒）のすべてを拾い上げて固定化してしまったのだ。

だから、直接にはその戒律の解釈をめぐって、原初教団は内部紛糾し、あげくは分裂したのである。

まさに、思想史の大きな皮肉である。

教団の統一を保つためには、教条化・固定化はやむを得ない。しかし、教条化・固定化すれば、そこから分裂がはじまるわけだ。

原初教団は分裂によって終焉を迎え、そして部派教団の時代がはじまる。

▼なぜ小乗仏教を持ち上げるのか⁉

分裂した教団（部派教団）は、当然のことながら、教理解釈に専念するようになる。自派の存立を理由づけるためには、他派との理論の差を明確にせねばならない。となると、必然的に細かな理論解釈の差が強調されることになるからである。

そこで、部派教団の仏教を、

――アビダルマ仏教。

という。漢訳では〝阿毘達磨《あびだつま》〟と音写し、〝対法〟と意訳する。〝アビダルマ（abhidharma）〟の〝アビ〟とは、「対する」の意であって、「ダルマ（教え、真理、法）に対する研究・注釈」がアビダルマなのである。彼ら部派教団の人々は、煩瑣な教学研究（アビダルマ）にうつつを抜かしていた。そのことによってしか自派の教団の存在意義が立証されないのだから、そうせざるを得ないのだ。そして、アビダルマにうつつを抜かすことによって、彼らはますます釈尊の根本精神から遠ざかって行ったのである。

それが、釈尊以後の仏教の展開であった。

小乗仏教！

炯眼《けいがん》な読者は、わたしのこの文章の背後に、わたしが一つの単語を潜めているのに気づいておられる。そうなんだ。原初教団から部派教団へと展開して行った仏教の流れは、要するに「小乗仏教」であったのである。

〝小乗〟とは、「小さな乗り物」の意である。それがなぜ「小さな乗り物」と呼ばれたのか、詳しい理由はいずれ明らかになるであろう。ともあれ、のちに歴史の舞台に登場した大乗仏教徒が、自分たちの仏教は「大きな乗り物」であり、部派教団の仏教は「小さな乗り物」にすぎないと、軽蔑の意をこめて呼んだ語が〝小乗〟である。

小乗仏教とは、したがって、閉鎖的であり、独善的であり、頭でっかちのアビダルマ仏教をいう。大乗仏教徒は、そのように見たのである。

ところが、……。

どうしたわけか日本の仏教学者たちのうちには、この小乗仏教——原初教団から部派教団へと展開した仏教の流れ——をやけに持ち上げる人がいるのである。持ち上げる人たちは、もちろん、これを〝小乗仏教〟とは呼ばない。彼らはこれを、〝原始仏教〟または〝阿含《あごん》仏教〟と呼んでいる。〝阿含〟とはパーリ語の〝アーガマ（āgama）〟の音写であって、「伝承」の意である。原初教団から部派教団に伝承された経典を〝アーガマ（阿含）〟と呼ぶところから、〝阿含仏教〟の名がつけられたのである。

では、なぜ彼らは、原始仏教・阿含仏教（わたしのいう小乗仏教）を持ち上げるのか……？　それは、阿含経典がいちばん古い経典だからである。そして、阿含経典には、釈尊が実際に語られたと思われることばが、数多く散見されるからである。

ただし、誤解のないように言っておくが、阿含経典のすべてが釈尊の説かれたものではない。水野弘元博士の『経典――その成立と展開』によれば、

「原始経典の中には仏滅後になってから、仏の遺弟たちによって説かれたものもかなりあります。これらは仏滅直後の第一結集では誦出されなかったものであるのに、どうしてそれらが現存経典の中に含まれているかといえば、おそらく第二回以後の結集で、経典として誦出されたものと思われます」

という。つまり、阿含経典のうちには、後世につくられた経典も多数あるのである。

それから、阿含経典がすべて口誦によって伝承されたことは、前に述べておいた。文字化されていないのである。阿含経典の文字化は、同じく水野博士によれば、紀元前一世紀、セイロン(現在のスリランカ)においてであったという。そうだとすれば、大乗経典の成立とそれほど差がないのである。したがって、阿含経典を大乗経典とは本質的にちがったものとして、担《かつ》ぎまわるのはおかしい。まあ、五十歩百歩といったところである。

▼ことばは伝えても精神は伝わらない

しかしながら、五十歩百歩というのは大乗仏教のほうから言う負け惜しみであって、真実をいえば五十歩零歩かもしれない。阿含経典には、まちがいなく釈尊その人が説かれたにちがいないと断定できることばの数々が含まれていることも、否定できそうにないのである。

だから、これを理由に、一部の仏教学者は、原始仏教をやたらと持ち上げ、担ぎまわっているわけだ。

「人間＝釈尊の教えを、原始仏教聖典から読み取ることができる――」

というのが、彼らの謳《うた》い文句である。

わたしは、それに反撥しているのだ。

天《あま》の邪鬼《じゃく》はわたしの困った性分で、権威ある学説にやたらと嚙み付きたくなるのが、わたしの悪い癖である。だから、程々にしたらどうか……と、普段であればここでブレーキを踏んだほうがよい。しかし、この問題はちがうのだ。こんなところでブレーキをかけるなんて、いわば自殺行為に等しい。

すなわち、小乗仏教（原始仏教）を持ち上げるくらいなら、わたしはなにも「仏教思想史」を書く必要はなかったのだ。

わたしにとって仏教は、大乗仏教である。

小乗仏教が釈尊の教えにいちばん近い仏教であるのなら、大乗仏教の存在理由（レーゾン・デートル）がなくなってしまう。歴史に登場した大乗仏教の大勢の思想家たち――とりわけ、日本仏教でいえば、最澄、空海、法然、栄西、親鸞、道元、日蓮、一遍といった祖師たちの思想のいとなみが、とるに足らない馬鹿げた努力になってしまう。

小乗仏教は小乗仏教なのだ！

小乗仏教がいかに釈尊の根本精神と遠く離れた仏教であるかについては、わたしは前章とこの章で相当に詳しく分析しておいた。釈尊の教えを固定化し、教条化し、本当は捨て去るべきであった「小々戒」を残して、瑣末的な戒律の墨守にこだわり、自由な釈尊の精神を踏みにじったのが小乗仏教――原始仏教、阿含仏教――であった。釈尊が、毒矢を抜くことのほうが大事だと教えられたにもかかわらず、毒矢を抜かずに馬鹿げた哲学議論――アビダルマ教学にうつつを抜かしているのが、ほかならぬ小乗仏教である。

小乗仏教は、なるほど釈尊のことば――音声を伝えたかもしれない。しかし、残念ながら、ことばは所詮ことばでしかないのである。

表面的なことばの底に流れる精神――釈尊の教えの真髄は、小乗仏教は伝えることはなかった。

わたしはそう信じている。

▼大天の五事

そこで、もう一つの事例を挙げておく。小乗仏教がいかに馬鹿げた仏教であったか、これでもって読者はご自分で判断してほしい。

それは、「大天の五事」と呼ばれている事件である。

じつは、この大天の五事は、根本分裂の原因であったとする説もある。根本分裂といえば、原初教団が上座部と大衆部に二大分裂したことであり、その原因は「十事」であったとされている。その十事のほかに、この大天の五事も論争のたねであったというのである。

しかし、最近では、大天の五事は大衆部の枝末分裂の原因であるとする説のほうが有力である。すなわち、大天（マハーデーヴァ）なる僧がいて、五事の非法を主張したために大衆部の教団に分裂が生じたというのである。いずれにしても、「五つの事柄」について議論がわかれ、それを契機にして教団に分裂が生じたわけである。

では、その「五事」とは何か？

1　余に誘《いざな》わる。

2　無知あり。

3　猶予あり。

4　他を入らしむ。

5　道は声に因りて起こる。

この五つである。この五つは、阿羅漢《あらかん》の悟りについて言われたものであった。

阿羅漢――とは、小乗仏教において最高の悟りの境地に到達した者をいう。小乗仏教においては、釈尊もまた一人の阿羅漢とされていた。

さて、大天なる僧は、阿羅漢であった。彼もまた、小乗仏教の最高の悟りに達していたわけである。

ところが、その大天がある夜、夢精をした。そして、その汚れた衣を、彼は弟子に洗わせた。この、弟子が師の衣を洗っているところに、わたしはひっかかる。部派教団の階層化は、そこまで進んでいたのであろうか……。それはともかくとして、師の夢精の痕跡を見た弟子は、「いっさいの煩悩を断じたはずの阿羅漢にも、かかる不浄があるのか?」と尋ねた。それに対する大天の答えは、「天魔に誘われたときは、阿羅漢といえども不浄を漏失することがある」であった。——これが、「余に誘わる」の意味である。

さて、どういうものか……?

弟子が問い尋ねたくなる気持ちも、わからないでもない。そして、大天の答えの正当性も、いちおう納得できる。

でも、問題それ自体が、馬鹿々々しく思われないか……。アビダルマ仏教(小乗仏教)は、所詮この程度の問題意識でしかなかったのである。

第二の「無知あり」は、大天がある弟子に、おまえは阿羅漢果を得たと認定したところ、阿羅漢になったのであれば、なぜ自分にそれがわからないのか?……と質問されたそうだ。それに対する大天の解答が「無知あり」で、阿羅漢だって自分の解脱に関してわからぬことがある——というものであった。

こういう議論を聞いていると、阿羅漢も安っぽくなったなあ……と、溜め息が出てくる。

3の「猶予あり」と、4の「他を入らしむ」は、2の「無知あり」とほとんど同じことを言っている。猶予ありとは、自分はまだ阿羅漢になったとは信じられないで、しばらく疑惑が残ることだってある……というもの。他を入らしむは、他人から指摘されてはじめてわかる場合もある……ということ。いささかだらしのない阿羅漢ではないか……。ねえ、それでも阿羅漢ですかね……。

最後の「道は声に因りて起こる」――。

ある夜、大天は思わず、

「ああ、苦しい」

と叫んだ。それを聞いた弟子は、怪しんで問うた。悟りを開いた阿羅漢に、どうして苦しみがあるのか?……と。大天は答えている。

「真実、苦しいと叫ぶところから、聖道が生ずるのだ」

と。

以上が、大天の五事である。

▼小乗仏教徒の謬《あやま》り

だが、ほんとうをいえば、わたしは大天の考え方に共鳴する部分も多いのである。阿羅漢が、みずから阿羅漢になったことを覚知できなくたっていいではないか……と、わたしは思う。それで阿羅漢の値打が下がると考えるほうが、むしろおかしいのではなかろうか……。

夢精についてだって、睡眠中の自己は意識のコントロールの外にあるのだから、責任をとらすのはかわいそうである。わたしはそう思うが、しかし、同時にわたしは、その逆も考える。自分の夢にまで責任をもてるようになって、人間は完全になるのではないか……と。だから、大天を庇いたくなると同時に、やはり大天に不満を感ずる。このあたりでは、わたしの気持ちは揺れ動いているが、しかし一方的に大天を非難する気になれないことだけはたしかである。

「苦しい！」という叫び声だって、阿羅漢にも許されそうな気がする。それをバネにして聖道を求めればよい――という大天の考え方に、わたしはある程度まで共鳴している。

もちろん、大天の考え方に、全員が反対だったわけではない。反対者もあり、賛成者もあったから、それが論争のたねになり、そして分裂が生じたわけだ。

ということは、われわれがこの「大天の五事」をこのままのかたちであれこれと批判し検討するならば、結局は小乗仏教の徒と同じ轍《わだち》を踏むことになりそうだ。そんなことをしてはならないのは、明らかである。

では、どうすればよいか？

この「五事」の問題の提出の仕方が、根本的におかしいのである。われわれは早く、それに気づかねばならない。

つまり、小乗仏教は、要するに馬鹿々々しい議論をやっていたのである。なぜ馬鹿々々しい議論をやったかといえば、彼らは「仏教」を本質的にまちがって理解したからである。わたしはそう考えている。

その本質的なまちがいは、

「仏道教」と「成仏教」――

の誤解である。この点については、わたしはすでに述べておいた（一八七ページ参照）。釈尊が説かれた「仏教」は「仏道教」であって、われわれが悟りにこだわらずに、倦《う》まず弛《たゆ》まず、ひたすらに仏（悟り）への道を歩みつづけるところに、その本質があるのである。しかしながら、小乗仏教はその本質を理解せず、「仏教」を「成仏教」にしてしまった。悟りを開いて仏陀（あるいは阿羅漢）となることだけが、すべてであるとしたのであった。

すなわち、釈尊にあっての仏陀ないし阿羅漢は、わたしたち人間がそれに向かって歩みつづけるための理想であり、目標にほかならなかった。ところが小乗仏教徒は、その阿羅漢を、修行の結果到達できる状態に変えてしまったのである。

だから、馬鹿々々しい議論がでてくるのだ。

阿羅漢は夢精するか、どうか？　阿羅漢を理想にして歩みつづけている者にとっては、考えられない疑問である。

「大天の五事」は、その根本のところで謬っているのである。したがって「大天の五事」は、小乗仏教の範囲内においての馬鹿々々しい議論にすぎなかったのだ。

▼不立文字の伝承

小乗仏教（原始仏教、阿含仏教）は、たしかに釈尊のことばは伝承した。現在に伝わる小乗経典

（阿含経典）の全部が、釈尊のことばだというわけではない。釈尊のことばは、おそらくそのうちのわずかな部分だと思われるが、それでも阿含経典のうちに釈尊のことばが伝えられていることはまちがいない。なにもその点まで、むきになって否定する必要はないのだ。

けれども。

わたしの言いたいのは、このことである。なるほど、小乗経典は釈尊のことば（音声）は伝えた。けれども、釈尊の精神は、小乗仏教は伝えていない——と。

いや、釈尊の精神を踏みにじったのが、小乗仏教なのだ。彼らは完全に釈尊の精神を歪めてしまった。

わたしはそう信じている。

そして、わたしは、後世の禅仏教の人たちが創作した一つのフィクションを、ここに紹介したいと思う。

　世尊、昔、霊山会上《りようぜんえじよう》に在《あ》りて、花《け》を拈《ねん》じて衆に示す。是の時、衆皆黙然《もくねん》たり。惟《た》だ迦葉《かしよう》尊者のみ破顔微笑せり。世尊云く、「吾に正法眼蔵、涅槃妙心、実相無相、微妙の法門有り。不立文字、教外別伝にして、摩《ま》訶《か》迦葉《かしよう》に付嘱す」と。

これは、禅籍『無門関』に出てくる禅の公案である。第六則であって、「世尊、花《け》を拈ず」のタイトルがある。

かつて釈尊は、霊鷲山《りようじゆせん》（霊山。マガダ国王舎城郊外にある山）において大勢の仏弟子たちに、花をちょっとひねって示された。誰人もその釈尊の行動の意味がわからず、ただ黙っていたが、大カッサパ（迦葉尊者、摩訶迦葉）だけがそれを見てにっこりと笑った。そこで釈尊が言われた。「わたしは窮極・最高の教え——正法眼蔵・涅槃妙心・実相無相・微妙の法門——を有している。この教えは、文字によらず（不立文字）、経典を離れて（教外別伝）伝えて行くものである。大カッサパよ、そなたにこの教えを伝えるから、よろしく……」と。

それが「禅」だというのである。禅仏教の人たちは、自分たちの教えは経典の外で、以心伝心的に伝えられてきたものだと主張している。そう主張して、こんな話をつくったのである。

もちろん、歴史的にはこんな事実はなかった。

けれども、わたしは、釈尊の精神は阿含経典の文字によっては伝わってこなかったと思っている。釈尊の精神は、ことばと文字を離れて、別のかたちで伝わってきたのだと信じている。そのかぎりにおいて、禅仏教徒がつくったこのフィクションは真実である。

歴史には、事実を超えた大きな真実がある。その真実を見落としてはならない——。

第四章　大乗仏教の必然性

一　方便の思想と菩薩の精神

▼此岸から彼岸へ渡る

大きな河がある。急流である。

仏教は、よく河の譬喩を使う。釈尊も、しばしば河の譬喩によって教えを説かれた。釈尊の教化・伝道は、滔々《とうとう》と流れるガンジス河の流域で行なわれたものだから、当然のことかもしれない。

ともあれ、われわれも、大きな流れの激しい河を譬えに採用したい。

河がある。河があれば、両岸がある。河のこちら岸を此岸《しがん》と呼び、向こう岸を彼岸《ひがん》と呼ぶことにする。此岸は迷いと煩悩の世界で、われわれ凡夫の住んでいる世界である。そして彼岸は、迷いを脱した悟りの世界で、煩悩を滅却した涅槃《ねはん》の世界である。〝涅槃〟とは、サンスクリット語（梵語《ぼんご》）の〝ニルヴァーナ（nirvāṇa）〟の音写語で、その意味は「火の消えた状態」である。われわれの心のうちに燃え盛る煩悩の火を滅尽したとき、そこに寂静の境地が出現する。それが涅槃なのだ。

そして、――。

釈尊は、この河を渡れ！……と教えられた。

河を渡る……河だから〝渡る〟のであるが、これはサンズイがなくともよい。そうすると、〝度《ど》〟である。「縁なき衆生は度し難《がた》し」という、あの〝度〟である。

かくて、河を渡るのが、仏教の目的とされた。

迷いの此岸から悟りの彼岸へ——。

煩悩の世界から涅槃の世界へ——。

それが、そのスローガンが、釈尊の教えられたことである。

そしてまた、彼岸に渡った人を〝阿羅漢《あらかん》〟と呼んだ。〝阿羅漢〟は、サンスクリット語〝アルハット（arhat）〟の音写語であるが、意訳をすれば〝殺賊《せつぞく》〟となる。殺賊とは、文字通り、われわれの心のうちの賊、すなわち煩悩を殺した人間である。いっさいの煩悩を断じ尽した人——それが阿羅漢である。その阿羅漢になるのが、最初、仏教の目標であった。

では、その河を此岸から彼岸へ渡るには、どのようにすればよいか……？

▼釈尊も阿羅漢の一人

だが、その問題を考える前に、ぜひとも触れておかねばならぬことがある。じつをいえば、このことはもっと早くに指摘しておくべきであった。わたしはうっかりしていて、大事なことを言い忘れていた。

それは、原初教団および部派教団にあっては、釈尊その人が〝阿羅漢〟と呼ばれていた事実である。

もちろん、釈尊が〝仏陀《ぶつだ》〟と呼ばれなかったわけではない。〝仏陀〟なる呼称は古くからあった。〝仏陀〟のほうは、サンスクリット語の〝ブッダ（buddha）〟の音写語である。そのもともとの意味は、「（真理に）目覚めた人」であり、したがって〝覚者〟なる意訳語もある。そして、研究者によると、この〝仏陀〟なる語は、たんに仏教教団だけで使用されたものではなかったらしい。仏教の姉妹宗教といわれるジャイナ教においても、その「聖者」を呼ぶのに〝仏陀〟〝ブッダ〟なる語が使われていたそうである（中村元博士『原始仏教の成立』参照）。

つまり、釈尊その人は、ときに〝阿羅漢〟と呼ばれ、ときに〝仏陀〟と呼ばれていたのである。そして、わたしがここで指摘しておきたい事実は、〝阿羅漢〟なる呼称は釈尊の弟子にも使われていたということだ。釈尊の高弟のうち、悟りを開いた者はすべて〝阿羅漢〟と呼ばれていたのである。ここのところが注目に価する。

『律蔵』「大品」は、こんなふうに記述している。

釈尊はブッダガヤーの菩提樹下で「成道」されたのち、場所をベナレス郊外の鹿野苑《ろくやおん》に移して、五比丘を相手に説法される。この五比丘は、かつて釈尊とともに苦行を修した仲間であった。この五比丘に対する説法が釈尊のはじめての説法であり、それは「初転法輪」と呼ばれている。そして、釈尊の教導を受けて、五比丘はそれぞれの悟りを開く。

「世尊此の如く説きたまひ、五比丘は歓喜して世尊の所説を信受せり、又、〔世尊〕此教を説きたまへる時、五比丘は取無くして諸漏より心解脱せり。その時世間に阿羅漢は六人となれり。」
(『南伝大蔵経』第三巻、二六ページ)

五比丘は取(執着)無くして諸漏(煩悩)より解脱せり――というのは、要するに悟りを開いて、阿羅漢になったわけである。五人の阿羅漢が新たに誕生したので、それで「世間に阿羅漢は六人となれり」と言っているのだ。六人のうちの一人は、釈尊その人である。釈尊と新しく誕生した阿羅漢とが、同等に扱われているわけだ。

しかし五比丘は、かつて釈尊と一緒に苦行を修した仲間である。だから、彼らは高い評価を受けていたのだ……といった理由が考えられるかもしれないが、実際はそれとはちがっている。『律蔵』「大品」は、そのあと、ベナレスの良家の子＝ヤサ(耶舎)が入信し開悟したとき、
「その時世間に阿羅漢は七人となれり」(同上、三二ページ)
と書き記している。さらに耶舎の四人の友人が開悟した時点では、「阿羅漢は十一人となれり」と述べ、そのあとヤサの五十人の友人が一挙に入信して開悟者に加わったときには、「その時世間に阿羅漢は六十一人となれり」と言っている。

したがって、釈尊は、常に阿羅漢の一人に数えられていたのである。

換言すれば、釈尊の悟りと弟子たちの悟りに、質的な差はなかったのである。そのような結論になりそうだ。

▼自分一人が彼岸に到達できる小乗仏教

釈尊の悟りと弟子たちの悟りに、質的な差があったかなかったか……。現在のわたしたちからすれば、明らかにそこに本質的な差があるわけだ。どう考えてみても、釈尊と弟子たちが同じだとは思えないのである。

だが、小乗仏教の人たちは、そうは考えなかった。

彼らは、釈尊をも〝阿羅漢〟と呼び、自分たちの中で悟りに達した者をも〝阿羅漢〟と呼んで、等しく扱ったのである。そこになんの差もないと考えた。

つまり、小乗仏教の人たちは、釈尊をあまりにも低い存在と考えたわけである。

だが、その点については、またあとで考察することにする。

われわれは話を元に戻して、河を渡る方法を考えてみよう――。

大きな河、それも急流があって、その河を渡れば悟りの世界であり、そこに到達した人を〝阿羅漢〟と呼ぶ。したがって、河を渡る方法を問うことは、いかにすれば阿羅漢になれるか？……と問うことになる。では、どうすればよいのか？

河を渡るのだから、泳いで渡らねばならない。泳いで渡るには、誰が考えてもわかることだが、裸にならねばならぬ。背広を着て、ネクタイをしめて、靴をはいていては、泳ぐことはできない。ましてや、金銀財宝を背負っていては、途中で溺れてしまうにきまっている。女房子どもを背につかまらせて泳ごうとすれば、自分も女房子どもも、ともに水に沈むはめになる。

だから、泳いで渡るには、裸になり、一人にならねばならない。

裸になる――。それがつまりは、「出家」をすることである。

女房子どもを捨て、財産を捨て、職業を捨て、一切合財《いっさいがっさい》を捨てて自由の身になり、自分一人だけが泳いで渡る。それで向こう岸（彼岸）に泳ぎつける保証はないが、しかし一切を捨てて出家にならねば泳げないのである。したがって、出家が最低の必要条件である。出家しなければ阿羅漢になれないことだけは、確実である。

要するに、小乗仏教は、出家者のための仏教である。出家者だけが阿羅漢になれるのだ。出家しない奴は、所詮、木偶《でく》の坊である。阿羅漢になりたいのであれば、どんなことがあろうと出家しなければならない。そして、出家した者だけが、その人だけが阿羅漢になれるのであって、他人は眼中にない。自分一人のための仏教である。

だから、小乗仏教なのだ。自分一人しか救われない、独善主義の仏教である。小乗仏教は、要するにわれさえよければいいのである。他人のことなど知るものか⁉……というわけだ。他人のことを気にしていたら、急流に押し流されて泳げない。それで、他人のことまで考えられないのである。

小乗仏教は、そんな仏教である――。

▼阿羅漢から仏陀へ

それはケシカラン……と、小乗仏教に反撥したのが大乗仏教である。

思想の歴史は面白いものである。一つの思想があると、必ずそれに対する反撥が生まれる。そして、その反撥ともとの思想が相互に作用して、新しい思想が形成されるのである。

小乗仏教に対する大乗仏教の反撥は、小乗仏教では阿羅漢になれる人間がごく少数に限られているという点である。では、どうすればよいのか？　いっそのこと、全員が阿羅漢になれるとしたほうがよいのか……？　まさか、そんなことはないだろう。全員が彼岸に泳いで渡れるような彼岸であれば、それは真の目標にならない。目標であるかぎり、その目標を達成するにある程度の困難さを伴なっていなければならない。全員が到達できるのであれば、努力と困難はなくなってしまう。

しかし、やはり理想は、「全員」である。誰もが平等に救われねばならない。一部のエリートが救われることに反撥したのだから、どうしても全員が救われねばならないのだ。そうでないと、反撥が反撥にならない。

そこで、逆の解決が出てくる。

全員が到達できない地点にまで、目標を遠ざけてしまうのである。

ごく少数のエリートだけが泳いで渡れる彼岸ではなしに、誰一人として泳ぎ渡ることのできない遠方に、彼岸をもって行くのだ。目標地点は、いわば太平洋の向こう岸である。そうすれば、全員が渡れないのだから、平等である。

もちろん、釈尊その人は例外である。釈尊は、その無限の距離を泳ぎ渡った人である。そのように考えることにする。

いや、その言い方はちょっとおかしい。

誰一人として泳ぎ渡ることのできない地点――わたしたち凡夫からすれば、無限の彼方であるその地点に到達した人を、「仏陀」「仏」と呼ぶのである。そして、釈尊その人が「仏陀」であり「仏」であると考えるのだ。そう言うべきである。仏陀はただ一人で、わたしたち凡夫はそう簡単には仏陀になれないとする。少なくともこの一回きりの人生では、仏陀になれないと考えるのだ。われわれが仏陀になれるとすれば、何度も何度も生まれ変わって修行をつづけたのちである。そのように考えるとする。そうすれば、全員が平等になる。誰もが仏になれない点において、平等である。「マイナスの平等」――とでも呼んでおこうか……。

大乗仏教は、阿羅漢を目標とする小乗仏教のエリート主義に反撥して、新たなる目標――仏陀・仏を設定した。その新たなる目標の下においては、全員が平等である。エリートとノン・エリートの差別はなくなった。

だが、その代りに、一つの危険がある。

それは、誰も到達できない目標であれば、目標が目標でなくなってしまうことだ。

目標が達成可能だからこそ、人は目標に向かって努力をつづけるのである。到達できない目標に向かって、どうすれば人を歩かせることができるか？　それが、大乗仏教の大きな課題であった。

▼「方便」が絶対である

宝の島を目差して、密林を行く隊商の一団があった。宝の島は遙か彼方にある。たぶん、彼らは永遠にそこに辿りつけそうにない。それほどに遠くにあるのだ。

だから、出発してしばらくすれば、人々は音《ね》を上げはじめる。「もう、あきらめたワ。ここから引っ返えそうではないか――」そうなふうに言う者がいる。

そのとき、である。リーダーが、密林の中に一個の都城を出現させる。その都城は、リーダーが幻術でもってつくりだしたものである。

「諸君！　目標はあそこにある。あと少しだ。がんばろう」

そのことばに励まされて、人々はようやく都城に到達する。そして、暫時のあいだ、人々はそこで休む。休んだあと、

「諸君！　じつはここは、最終の目的地ではないのだ。われわれの目差す宝の島は、ずっと向こうにある。さあ、出発しようではないか――」

かくて、再び隊商の一団は密林の中を歩みはじめる。そして、再び人々が弱音を吐けば、リーダーは密林の中に幻の城を出現させ、そこで休息をとらせる。そのような「方便」を講じながら、人人を歩ませて行くのである。そのようにして、彼らは一歩一歩、宝の島に近づいて行く……。

これは、すでに読者もお気づきのように、代表的な大乗仏教である『法華経』に語られている、一つの譬喩話である。『法華経』はこの話によって、われわれに「方便」の大事さを教えようとしているのだ。

だが、なんの注釈もつけずに、この話をこれだけで終わりにすると、おそらく大半の読者が誤解されるはめになる。というのは、日本人のあいだでは「嘘も方便」といったことばがあって、「方便」が便宜的な手段の意味に解されているからである。それで『法華経』の譬喩が、密林の中の幻の城（化城。すなわちうその城）にだけ焦点を合わせて解釈される危険がある。

しかし、それは完全な誤解なのだ。

「方便」というのは、そんなものではない。

このことばはサンスクリット語で〝ウパーヤ（upāya）〟といい、「近づく」といった意味である。したがって、宝の島をめざして一歩一歩近づいて行く、その歩みが大事だと『法華経』は言っているのである。よしんば目的地に到達できなくたっていいではないか……。われわれが一歩一歩近づいて行く、その道程に意義がある――。『法華経』はそう教えてくれているのである。

そして、この『法華経』の教えが、われわれの先程の問いに対する答えとなる。どうすれば、到達できそうにない目標に向かって、人々を歩ませることができるか……？　その秘訣が、じつは「方便」なのである。

すなわち――。

まず第一に、過度に目標に執着しないこと。なにがなんでも目標に到達せねばならない……と考えると、わたしたちは絶望せざるを得ない。目標があまりにも遼遠であれば、われわれは溜め息をついて立ち止まってしまう。それでは歩めないのだ。たとい目的地に着けなくてもいいではないか……と、おおらかな気持ちが必要だ。目標に執着してはいけない。どれだけすばらしい目標であっても、執着そのものは煩悩なのである。

第二に、しかしながらわれわれは、決して目標を放棄すべきではない。たとい到達できる見込みがなくても、目標は目標である。理想は理想である。それに向かって歩んで行かねばならない。

第三に、方便――歩み――が絶対だと考えること。目標に向かって歩む、その歩みが尊いのだ。その歩みがすべてである。その歩みのほかに何もない。そう考えたとき、わたしたちは目標に向かって雄々しく進んで行けるのである。

だから、大乗仏教は、その意味において「方便」の仏教である。たんに小乗仏教の「阿羅漢」を「仏」に変えれば、それで大乗仏教になるのではない。「仏」に向かって歩む「方便」を強調したとき、はじめて大乗仏教が成立するのである。大乗仏教は、小乗仏教とはまるで性格のちがった宗教である。読者は、そこのところに注目してほしい。同じ「仏教」の名で呼ばれながら、両者は根本的にちがっているのである。

▼「菩薩」とは、歩みつづける人

さて、小乗仏教においては、人々がめざす目標は阿羅漢の境地であった。これをひとまず百点満点の世界と呼んでおこうか……。人々は百点をとるべく、努力したのである。

そして、その場合、「出家」が最低必要条件であった。譬えていえば、出家者でなければ試験を受けられないのである。受験したって、百点がとれるとはかぎらない。六十点に終わる者もいるだろう。しかし、出家者でなければ受験できないのだから、在家信者は絶対に百点満点がとれない。つまり、阿羅漢になれないのである。

それが小乗仏教である。

だが、大乗仏教は、目標を無限の彼方へ遠ざけてしまった。阿羅漢が百点満点の境地だとすれば、大乗仏教がめざす仏の境地は、無限大である。

したがって、百点や二百点なんて、問題にならない。いや、そもそも点数そのものが無意味である。意味があるのは、目標に向かって歩みつづけること――方便・ウパーヤ・近づくこと――だけである。

そして、大乗仏教では、その歩みつづける人間を、〝菩薩《ぼさつ》〟と呼ぶ。

菩薩――とは、サンスクリット語〝ボーディサットヴァ(bodhisattva)〟の音訳語である〝菩提薩《ぼだいさつ》埵《た》〟を約《つづ》めたものである。「悟りを求める人」といった意味だ。「求道者」といえばよいだろう。

大乗仏教では、仏をめざして歩みつづける人は、すべて菩薩だという。求道者であるとする。菩薩、求道者は、かならずしも目標に到達する必要はない。いや、ちょっとした悟りの境地(阿羅漢の境地。それは、あの『法華経』の中で描かれた「幻の都城」のようなものである）に到達して、それで自己満足してもらっては困る。

菩薩とは、永遠に歩みつづける人である。

人が歩みつづけるかぎり、その人は菩薩である。

だから、菩薩は、かならずしも出家者である必要はない。出家したほうが歩みやすい人は、出家すればよい。在家のままで歩める人は、在家のままでいればよい。

出家菩薩もいれば、在家菩薩もいる。

肝腎なのは、歩みつづけることである。

大乗仏教は、そのように考えている。要するに、大乗仏教は「菩薩の仏教」である――。

大乗仏教は、「方便の仏教」であり、「菩薩の仏教」である。

小乗仏教が釈尊の基本精神から離れて、出家者だけが救われるという独善的なエリート主義に陥ったとき、それへの反撥から「方便の思想」と「菩薩の精神」が芽生えてきた。そしてそれが、大乗仏教の基本精神となった。

どうしても、思想史的に、大乗仏教が要請されていたのである。大乗仏教が形成されなかったなら、釈尊に淵源をもつ「仏教」は消滅していたにちがいない。わたしはそのように思っている。

では、このような大乗仏教の基本哲学――「方便」の思想と「菩薩」の精神――に、どのような血と肉が付加されたであろうか？　また、どのようにして血と肉が付加されたのであろうか？　われわれは、それをこれから考察しなければならない。

二　仏塔信仰と見仏体験

▼仏塔崇拝から芽生えた大乗仏教

ここで少しく時計の針を捲き戻す。釈尊が入滅された直後のころに戻りたい。

釈尊は入滅に先立って、弟子たちに遺言されている。

「お前達は如来の舎利供養の為に煩わされるな。……お前達は最高善に努力しなさい」

と。

お前達――というのは、出家者である。比丘《びく》や比丘尼《びくに》となって修行していた弟子たちに、釈尊は訓戒をあたえられたのである。あなたがたは修行に専心すればいいのだ。わたしの葬儀のこと、わたしの遺骨（仏舎利《ぶっしゃり》）の供養のことは、すべて在家信者がやってくれるから……。釈尊はそう言われた。

その訓戒を忠実に守った出家者たちは、その後、教団組織を維持しつつ、ひたすらに自己のための修行をつづけた。教団は発展を遂げ、そして分裂し、分裂後も発展をつづけた。

だが、在家信者たちは、釈尊亡きあと、出家者教団とあまり積極的にかかわってはこなかった。もちろん、教団への財政的援助はつづけた。インドの民衆の宗教心は篤く、彼らは聖者への供養を欠かすことはしない。教団や修行僧に供養し、布施する行為そのものが功徳ありと考えられていたのだから、仏教教団が在家信者の救いに積極的な関心を示さなかったとしても、それでもって供養をやめることはなかった。

しかし、教団への供養はつづけても、在家信者はそれ以上の関係を持たなかった。釈尊に代る魅力あるパーソナリティー（人格）が教団にいなかったためである。

それで、――。

在家信者がやったことは、仏塔崇拝であった。

仏塔とは、ストゥーパのことである。釈尊の遺骨を納めた塔をストゥーパという。釈尊が入滅された直後に、八つのストゥーパが建立されたことは前に述べた。そしてまた、その八つのストゥーパの仏舎利がのちに分骨されて、あちこちに数多くのストゥーパが建立されるようになったことも、すでに書いておいた。在家信者たちはこのストゥーパに参詣しては、いまは亡き聖者＝釈迦牟尼仏《しゃかむにぶつ》を偲んでいたのであった。

それを仏塔崇拝という。

この仏塔崇拝を足場にして、やがて新しい仏教が芽生えてくるのだ。

その新しい仏教こそ、大乗仏教であった。

▼超人化される釈尊

しかしながら、残念なことに、大乗仏教の成立に関してはほとんど文献・資料がないのである。まあ、もっとも、そのことはインド仏教史全般——さらにはインド史全般——について言えることであって、なにも大乗仏教の興起・成立の部分だけが特殊であるわけではない。したがって、われわれとしては、その資料の欠如を、これまでと同様に「対話の思想史」の方法によって埋めて行けばよいわけである。

それ故、読者は、細かな時代考証を期待しないでほしい。だいたいのところ、大乗仏教の成立は紀元前後のころとされている。紀元前後とは、紀元前一世紀から紀元一世紀にかけてのころである。あるいは、もう少し幅をもたせて、紀元前二世紀から紀元二世紀のころとしたほうがよいか……。ともかく、その程度のことしか言えない。

さて、問題は、大乗仏教がどのようにして仏塔信仰から芽生えてきたか、である。ちょっと大胆な推理をしてみよう。

釈尊の入滅直後のころは、ストゥーパへの参詣人のうちには、かつて在りし日の釈尊の謦咳《けいがい》に接した者が多数あった。彼らは釈尊の記憶をもっており、仏塔に詣でることは、自分の知った人を偲ぶ行為であったのだ。

その段階では、釈尊はまだまだ「人間」であった。もちろん、凡人であるはずはない。ずば抜けて偉い存在であるが、それでも「人間」であることにまちがいはなかった。

しかし、時代がたつにつれ、釈尊の記憶はだんだんに薄れてくる。そして、いつか、釈尊の姿を自己の網膜の上に映した年寄りがいなくなってしまう。さらには、その年寄りの話を聞いた人たちもいなくなってしまう。そうなったとき、人間＝釈尊は変質をとげるのである。

釈尊の入滅後百年もしたころには、たぶんストゥーパに参詣した人から、

「お釈迦さまって、どんな人……？」

といった質問が出はじめたにちがいない。そして、仏塔を維持・管理していた人々のうちから、この質問に応える専門家がでてくることが考えられる。いや、彼ら専門家は、参詣人に問われる前に、むしろ積極的に参詣人に対して「お釈迦さま」について語り聞かせていたにちがいないのだ。

ここのところは、完全な推測である。でも、わたしは、これで当たっていると思う。たとえば、インドのニューデリーのマハトマ・ガンディーの墓を訪れると、その入口のところにブック・ショップ（書店）がある。ガンディーに関する本が売られているのである。昔は出版物がなかったから、本の代りにガイド（説明人）が必要であったわけだ。しかも、ガンディーが暗殺されて（一九四八年）、まだ四十年もたっていない。あと六十年もしたら、ガンディーは「神様」にまつりあげられるだろう。いや、もう現在でも、ガンディーは半分「神様」扱いをされている。

釈尊も、そんなわけで、だんだんに超人化されて行ったのだ。ストゥーパに詣で来る善男善女のために、「お釈迦さまの一代記」「お釈迦さまの奇蹟物語」を話して聞かせる案内人の姿が、わたし

の眼に髣髴《ほうふつ》と浮かんでくる……。

▼ストゥーパの管理人

先程わたしは、「仏塔を維持・管理していた人々」といった。いったいこの人々は、どんな人であったのだろう……。

まず最初に、彼らが出家者であったか、それとも在家の人間であったか、という問題がある。わたしは、たぶん彼らは在家の人間であったと思っている。

というのは、釈尊の訓戒によって、出家者は釈尊の葬儀等に直接タッチしなかったと推定されるからである。釈尊の葬儀を執り行ない、その遺骨（仏舎利）を納めたストゥーパを造ったのは、まちがいなく在家信者であった。ならばその維持・管理も、在家信者が担当したはずである。

それから、現在においても、ミャンマー（ビルマ）の仏塔（パコダ）は、在家信者たちがつくる管理委員会によって、維持・運営されている。パコダの経営には、比丘たちは直接関与していない。たぶん古代インドにおいても、ミャンマーでのこのようなやり方が行なわれていたはずである。

さて、在家信者がなんらかの組織をつくって、ストゥーパを管理・運営していたのであるが、最初彼らの生活はまったく在家的であったと思われる。釈尊という偉大な聖者に対する尊崇の念は人一倍強かったにせよ、彼らは釈尊の教え——その釈尊の教えがほかならぬ「仏教」であるわけだ——に関しては、ずぶの素人であった。したがって彼らは、いわば門番的存在でしかなかったのである。

だが、そのうちに、彼らも少しずつ、ある意味での専門家になってくる。

それは、たとえば参詣人から、「ここに祀られているお釈迦さまはどういう人……？」と問われたとき、彼らがそれに返答を与えなければならなかったからだ。どう答えるか？　どう答えるのが、最も効果的か？　彼らは研究したにちがいない。そして、あちこちのストゥーパで、さまざまな説明がなされた。ときに彼らは、他の仏塔の人たちが発明した説明に膝を打って感心し、早速に自分たちの説明のうちにそれを採用したであろう。そんなふうにして、「お釈迦さまはいかなる人であったか？」という問いに対する、仏塔運営者たちの共通の見解が形成されて行った。

いや、参詣人の発する質問は、「お釈迦さまはどういう人？」だけではなかった。もっと大事な質問があった。それは、

「お釈迦さまを崇拝して、どういう功徳がありますか？」

である。その功徳をうまく説かないと、人々は仏塔に来なくなる。だから、ストゥーパの管理人たちは、必死になってお釈迦さまを信仰することの功徳を説いたにちがいない。

では、その「功徳」は何か？

じつは、ここで、わたしは少しく困ってしまうのだ。

というのは、その「功徳」なるものをごく普通に解釈すれば、仏塔崇拝が大乗仏教につながらないのである。仏塔崇拝を大乗仏教につなげるためには、あまり仏塔崇拝の「功徳」を強調できない。

そういうジレンマに突き当る。その点をどうのり超えればよいのだろうか……？

▼「非僧非俗」の人たちの参加

わたしの言っていることが、おわかりいただけるであろうか？

かりにストゥーパの管理人が、お釈迦さまの功徳を強調したとする。かくかくしかじかの功徳がありますよ……と、大いに宣伝したとしよう。そうすると、それは新興宗教になってしまうだろう。つまり、仏塔信仰がご利益《りやく》を売りものにした新興宗教に堕してしまうわけだ。その点では、現在の日本にも例がある。「仏教」の看板を掲げてはいるが、仏教でもなんでもない病気治しの新興宗教や、霊のたたりの鎮静を売りものにした新興宗教がごまんとある。したがって、仏塔信仰がたんなるご利益信仰にならずに、大乗仏教という高度な哲学、教理体系をもった宗教に発展した裏には、なにかがあったはずだ。たんに在家の素人たちが努力しただけでは、なかなかそうは行かなかったであろう。

すなわち、仏塔信仰が大乗仏教にまで発展するにいたった背後には、きっと出家者たちの助力があったにちがいない。わたしはそのように考える。そう考えないと、いろんなところで符節が合ってこないのである。

そういうわけで、われわれは大乗仏教の成立に、ひとまず出家者たちの関与を認めておこう。そうすると、つぎに、どういう形で出家者が関与したかが問題になる。

出家者たち、といっても、さまざまな部派があった。まあ、しかし、大乗仏教に近い部派といえば、やはり大衆部《だいしゅぶ》系統の部派であろう。じつは、昔は（といっても、ほんの五十年、六十年ほど前までは）、この大衆部がストレートに発展して大乗仏教になった――と考えられていたのである。しかし、インドにおいて実際には大衆部と大乗仏教が並存していた時期があるので、大衆部の大乗仏教への発展的解消説は成り立たないと、近年になって言われだしたのである。だが、大乗仏教の成立に関与した部派とすれば、文句なしに大衆部が挙げられるわけである。

けれども、わたしは、ある一つの部派が、部派単位でもって仏塔信仰に積極的にコミット（関与）したのではないと考える。そうではなくて、大衆部系統の出家者が個人的に仏塔信仰のほうに身を投じてきたのだと思う。個人的に……であるから、なかには上座部系統の比丘《びく》もいたかもしれない。しかし、上座部系の人間は少なく、比丘でありながら仏塔のほうに移って来た者の大部分は、大衆部系の人間であった。と、わたしは推測したいのである。

その人たちは、比丘の資格のままで仏塔にやって来て、そこに住み込むようになったのであろう。しかし、ストゥーパに住み込むと、部派教団のほうの会議等には出席しなくなるから、当然、比丘の資格は剝奪される。そうすると、いわば「非僧非俗」の状態になるわけだ。あるいは、「半僧半俗」というべきか……。ともあれ、在家の人間を中心にしながら、こういった「非僧非俗」の専門家を加えて、仏塔が維持・管理され、そして参詣人に対する啓蒙活動・布教活動が展開された。それがやがて大乗仏教を生みだしたのである。われわれはそのように言っておこう。

▼仏に見《まみ》える体験

かくて、「非僧非俗」の人たちが加わったおかげで、仏塔信仰に一本の筋が通るようになった。つまり、仏塔信仰が「仏教」でありえたわけである。新興宗教にならずに、「仏教」の新しい形態となったのである。

ところで、では、いったいどんな魅力に惹きつけられて、この「非僧非俗」になった人たちは、部派教団を抜け出て仏塔信仰に走ったのであろうか……？

魅力がなければ、人間は動かないものだ。ましてや、出家（比丘）はエリートである。そのエリートが、エリートであることをやめて、仏塔信仰に転じた動機は何か？

わたしは、それは、

――見仏体験――

だと思っている。ストゥーパに詣でると、「仏陀《ぶつだ》」に見《まみ》えることができたのだ！

インドを旅行してブッダガヤーの精舎《しょうじゃ》を訪れた人は、そこでチベット人たちが五体投地の礼を繰り返しているのをご覧になったはずだ。ブッダガヤーは、釈尊成道の聖地である。チベット人は朝から晩まで、五体投地の行をやっている。繰り返し繰り返し五体を投地して、釈迦牟尼《しゃかむに》仏を拝しつづける。そうすると、いつか、彼の目の前に「仏」が出現されるのだ。

比叡山での修行においても、修行者のもとに「仏」が出現されるという。

さまざまな「見仏体験」が語られている。

仏教の枠の外に出れば、キリスト教においても、イスラム教においても、ほとんどの宗教において「見神体験」が伝えられている。

インドのバラモン教だって、ヒンドゥー教だって、「見神体験」をいっている。

「見神」「見仏」といったことを説かないのは、宗教としてはちょっと例外的である。その例外的な宗教に属しているのが、じつはいえば部派仏教（いわゆる小乗仏教）なのである。

部派仏教は、普通の意味での「宗教」であるよりは、むしろ学僧たちの集団といったほうがふさわしい。彼らは神秘体験を拒否して、理論にもとづいた修行を実践していた。その理論は釈尊の教えられたものであり、したがって彼らのほうは、人間＝釈尊の正統な後継者である。

その、部派仏教において否定（もしくは無視）されていた「神秘体験」「見仏体験」が、仏塔信仰のうちにあったのである。仏塔に詣でて敬虔に祈りつづけているうちに、人は釈迦牟尼《しゃかむに》仏に見《まみ》えることができるのである。もちろん、全員がそんな神秘体験に恵まれるわけではない。仏に見えることのできる人は、ちょっと特殊、異常な能力の持ち主であったと思われる。だが、それにしても、それはすばらしい体験ではないか……。部派教団から仏塔信仰に走る人が出てくるのも当然である。仏塔信仰にはそれだけの魅力があったわけである。

▼仏像の成立の背景

この見仏体験を承認すると、これまで仏教史において疑問とされていたことの一、二が、うまく説明できそうである。

その一つは、仏像の成立の問題である。

インドで仏像が造られはじめたのは、一世紀末、あるいは二世紀半ばのころであり、ガンダーラとマトゥラーでほぼ同時であったとされている。ガンダーラとマトゥラーと、どちらが最初であったか、美術史家はあれこれと議論をしている。しかし、現在のところは、いずれにしても極め手がないのである。「ほぼ同時」というのがいちばん無難であり、われわれの関心は仏教思想史であるから、それ以上の穿鑿《せんさく》は必要ない。

ところで、ガンダーラとマトゥラーで仏像が造られはじめる前はどうであったか……。それ以前の仏教美術には、サーンチーやバールフトのストゥーパや、ブッダガヤーの遺跡などがあった。塔の周辺の門や欄楯《らんじゅん》などには、美麗・細緻な彫刻の数々がある。その彫刻のテーマは、釈尊の一代記（仏伝図）や釈尊の前生物語（本生譚図《ほんじょうたんと》）である。たぶんこれらの仏伝図や本生譚図を指しながら、仏塔の管理人たちは参詣者に絵解き説教をしたと思われる。

だが、面白いことに、それらの仏伝図や本生譚図には、釈尊その人の姿が刻されていないのである。読者も美術全集等でご覧になったと思う。当然そこに釈尊がおられるべき場所に、釈尊の代りに足跡（仏足跡）、傘蓋《さんがい》、宝輪、台座、菩提樹《ぼだいじゅ》等が刻されている。それらが象徴的に釈尊を表現しているのである。

なぜ、釈尊のお姿を表現しなかったか……？

これに関してはさまざまの説があるが、わたしの考えはこうだ。大乗仏教になる以前（したがって小乗仏教の時代）には、釈尊は阿羅漢《あらかん》と考えられていたからである。

阿羅漢というのは、輪廻の世界・生死の世界を解脱して、悟りの彼岸に到達した存在である。涅《ね》槃《はん》に入った人だ。したがってこの世界から消滅した人である。

だから、阿羅漢は表現してはいけないのである。表現できないのである。

釈尊は阿羅漢であられたから、その像を造らなかったのである。

じつをいえば、仏伝図において表現されていないのは、釈尊だけではない。釈尊の弟子であって、阿羅漢の境地に到達していた高弟たちの姿も、そこには表現されていない（高田修著『仏像の起源』岩波書店、参照）。

それ故、われわれはこれを、「阿羅漢不表現の原則」とでも呼んでおく。小乗仏教においては、阿羅漢不表現の原則があったのだ。それが大乗仏教の時代になって、ガンダーラやマトゥラーを中心に、仏像が造られはじめた。大乗仏教では、釈尊は「仏陀」であって「阿羅漢」でないから、造像が許されるのである。そして、釈尊が「阿羅漢」から「仏陀」に転じた背景には、仏塔における「見仏体験」があるはずである。瞑想体験のなかでありありと釈尊のお姿に拝謁《はいえつ》した人々が、その釈尊のお姿を像に刻みはじめた。また、そのような仏像が、彼らの瞑想体験を高める手段に使われたとも考えられる。

ともかく、これまでインド仏教美術史において一つの謎とされていた仏像成立の問題が、ストゥーパにおける「見仏体験」によって、わりと簡単に説明がつきそうだ。

さらに、もう一つの問題がある。それは、大乗経典がいかにして作成されたか……といった問題である。これも、仏塔における見仏体験によって説明がつきそうである。すなわち、瞑想体験によって仏に見《まみ》えた人々が、直接その仏から教えを聴聞して書き留めたのが大乗経典である――。簡潔にいえば、そうなる。しかしこの問題は、のちに詳しく説明したい。

三　廻向——新しい仏教の原理

▼仏教vsキリスト教

最近、わたしは、ある雑誌（『新潮45＋』）のための原稿を書いた。その原稿は、仏教とキリスト教を比較するのが目的で、「仏教vsキリスト教——ちがいがわかる40問」と題されている。編集部のつくった四十の問いに、わたしが答えを書けばよいのである。〔この原稿をもとにして、のちにわたしは『仏教とキリスト教』（新潮社）を刊行した。〕

たとえば、

——そもそも、神と仏とはどう違うのでしょうか？

といった問いや、

——キリスト教における聖書と、仏教における経典の根本精神の違いを教えて下さい。

といった質問であった。それほどむずかしいものではない。あとのほうの問いに対するわたしの回答を、ここに転記しておく。われわれの『インド仏教思想史』に、少しは参考になりそうな気がするので……。

キリスト教における聖書は『新約聖書』です。これは『旧約聖書』に対するもので、神の新しい契約・約束の意味です。神は人類に旧《ふる》い契約・約束を押しつけられていました。これは厳格な契約で、履行するのがなかなか困難でした。しかし、それを忠実に履行していれば、神は必ず新しい契約に書き換えてくださる——という期待を、人々はもっていたのです。そして、神の子＝イエス・キリストが、人類にその新しい契約をもってきてくれたのです。それが『新約聖書』で、だからこれは『福音書』(よろこびのことばの書)とも呼ばれています。

一方、仏教の経典は、釈迦の教えを記録したものです。釈迦は真理を悟って仏陀となったのですが、その真理をわかりやすく人々に説いたのが経典です。

ところで、仏教の経典はたいてい「如是我聞《にょぜがもん》」(我れはかくの如く聞けり)ではじまります。釈迦はどのように説いたか、ではなしに、自分がどのように聞き、理解したか……が、仏教では重要なのです。ですから、釈迦の没後も、数多くの経典がつくられています。大乗仏教の経典はすべて、釈迦の入滅後のものです。釈迦の真の精神を自分が正しく聞いたかぎり、それは釈迦の教えだという信念があるので、そのようなことが可能になるのです。

ところが、なにか一つ、わたしが「あれっ?!」と思った質問がある。いや、質問そのものは平凡なものである。

——神父（牧師）と僧侶の違いはどこにあるのですか？

誰もが思いつきそうな問いであり、答えも別段むずかしくない。わたしは、次のように答えた。

カトリック教会においては、キリストの十二使徒の後継者を司教と呼び、なかでも使徒の首領であったペテロの後継者がローマ法王（教皇）になります。そして、司教に従属してその任務にあずかる人が司祭で、これが一般に〝神父〟と呼ばれます。司教や司祭は生涯独身で、その任務は、教職（教えの保持）、祭職、牧職（信者の指導）の三つです。プロテスタント教会の教職者は〝牧師〟と呼ばれ、牧師は一般人と基本的には差がなく、たんなる指導者とされています。したがって、独身である必要はありません。

仏教の僧侶は、起源的には、自分自身の悟りをもとめて出家し、仏教教団に入った修行者であります。だから、民衆の指導といったこととは無関係であったのですが、歴史の変遷とともにそうした役割りを負わされてきたのです。本来的には僧侶は出家者で、妻子を捨てた人であります。

▼「自業自得」の大原則

わたしは普段、仏教のほうからばかりものを見ている。だが、たまには、外から仏教を見たほうがいい。いままでわかったつもりでいたところで、「あんがい」な新発見がありうる。

わたしは、僧侶（お坊さん）というのは、われわれ信者の指導者だと思ってきた。お坊さんの仕事は、わたしたちに法（教え）を説き、わたしたちが仏道を歩む指導をしてくださることだと思っていた。頭からそう信じていたのである。

だが、キリスト教と比較して――キリスト教の聖職者の任務には、教職・祭職・牧職の三つがあることははっきりしている――、さて仏教の聖職者の任務は何だろう……となると、ちょっと意外な結論になるのである。

それは、起源的には、僧は自分自身の悟りをもとめて出家をした、ということである。

「起源的には……」というのは、もちろん大乗仏教以前の仏教であって、いわゆる小乗仏教の場合である。小乗仏教においては、全員が全員、自分のために出家しているのだ。なにも彼らは、他人を救ってやろうと殊勝な心がけを起こして、それで出家したわけではない。徹頭徹尾、自分のためである。自利の行為である。

しかし、それはあたりまえのことではないのか……。いまさら、そんなことに驚くとは、驚くほうがどうかしている。そう言われそうな気がする。

たしかに、それもそうである。わたしだって、それを知らなかったわけではない。けれども、宗教の聖職者はほんらい俗人の指導者である、もしくはあるべきだという常識に支配されていたものだから、わたしは仏教における僧もそういうものだと錯覚していたのである。そんなとき、常識を捨てて冷静に眺めてみれば、ものごとは意外な見え方がした。それでわたしは、いささか驚いたのであった。

ところで、……。

小乗仏教、というより、この場合は釈尊在世中の根本仏教を含めているから、原初（原始）仏教と呼ぶべきであろう。その原初仏教において、僧が自分のために出家したことをもう一度考えてみるべきであろう。先程わたしは、それは「あたりまえ」だと書いたが、なぜあたりまえであるのか……？

じつは仏教には、「自業自得」という動かし難い大原則があるからである。

自業自得――については、わたしは、本書の冒頭に書いておいた。思えばこの『インド仏教思想史』は、自業自得から書きはじめたわけである。

釈尊のところに、一人の男がやって来て尋ねる。バラモンたちのやるご祈禱には効果があるらしいが、おまえにも、死者を天上界に再生させるご祈禱ができるか？……と。それに対して釈尊は、冷然と答えられた。

「自業自得！」

人間は、自分のつくった業《ごう》（善悪の行為。その行為が現在に影響を及ぼす）の結果を受けるものだ。他人の業が自分に及んでくることはない。だから、他人がご祈禱してくれても、死者の業に変化はない。――それが、いとも明解な釈尊の返答であった。

だとすればわれわれは、自分自身で、自分自身のために修行するよりほかない。修行をして、自分自身の善業を積むのである。そうする以外にないのであり、それで人々は出家をしたのである。他人のために出家をしたわけではない。よしんば他人のために出家をしても、「自業自得」の法則があるから、それは他人のためにならないのである。

原初仏教では、それが「あたりまえ」であった。

▼大乗仏教の存在理由は何か?

さて、そこで、大乗仏教である。

大乗仏教の主役は在家信者である。

そして、これもあたりまえのことであるが、在家信者というのは、出家ができないから在家なのである。

では、大乗仏教において、在家の信者はどのようにして救われるのであるか?

もちろん、彼らとて、在家のままで仏道修行をやっている。その仏道修行という善業の功徳によって、在家信者の救いがあるわけだ。そう考えるのが、いちばんまともである。しかしそれだと、出家の修行にくらべて在家の修行が劣ったものになる。出家して修行するのが本当だけれども、それができないので在家のままでやっている……といったことになり、出家に対して拭《ぬぐ》い難いコンプレックスをもつことになる。

それだと困るのだ。そんなことでは、「大乗」の意味がない。「亜仏教」になってしまうだろう。

大乗の在家信者たちは、皆で力をあわせて修行に励んでいる。だから、脱落者が少ないのだ。その力をあわせている点が、大乗仏教の勝れたところだ。……といった考え方ができるかもしれない。

なるほど、そうも考えられる。たとえば、アルコール中毒症にかかった患者が自主的に集まって、「断酒会」をつくっている。そこでは、お互いの励まし合いによって、お互いが向上して行くのである。昨日、この断酒会の門を叩いて新入会員となった者が、今日はすでに先輩として本日の新入会員の指導をしている。そんな光景も見られるそうだ。あるいは、他人にものを教えることによって、自分の勉強になることがある。教えながら学ぶのである。以前、わたしは大学の教壇に立っていたが、教室で教えているうちに、ずいぶんと勉強をさせてもらった。

いや、そのほかにも、いわゆる切磋《せっさ》琢磨《たくま》ということがある。グループで修行をするのは、いろいろと利点がある。

だが、それでもって大乗仏教は鼻を高くはできぬであろう。なぜなら、集団での学習は、小乗仏教の僧たちもやっているからである。というより、むしろ小乗仏教でのほうが、もっと緊密なグループ学習なのである。彼らは出家者である。いってみれば、プロ野球の選手がキャンプをしてトレーニングに励んでいるようなものだ。大乗仏教の在家信者は、アマチュアのチームの練習でしかない。仕事のあい間でないと練習できないのである。

かくて、出家と在家の修行を比較すれば、出家者のほうが決定的に有利だという結論に到達する。そして、「自業自得」の原則を認めるかぎり、大乗仏教の在家修行者が「得る」ところは多くはない。はっきり言って尠《すくな》いのである。したがって、大乗仏教がそのレーゾン・デートル（存在理由）を確立するには、どこかで発想の転換をはからねばならない。小乗仏教と同じ土俵で相撲をとっていては、大乗仏教は負けるにきまっているのである。

では、どこに発想の転換をもとめるか？

▼大乗仏教の新しい原理

じつはその点で、非常に面白いことがある。

結論から先に言えば、大乗仏教は、「自業自得」の原則を否定する新しい原理を樹立したのである。

いや、「自業自得」の原則を否定する——とまで言ってしまっては、いささか言いすぎだと思う。「自業自得」は釈尊が教えられたものであり、「仏教」の核をなしている。だから、そう簡単に否定してもらっては困るし、またそう簡単に否定できそうにない。大乗仏教が樹立した新しい原理は、これを部分的に修正するものであった。あるいは、補完するものだと言ったほうがよいか……。

ともあれ、大乗仏教は、「自業自得」の法則のほかに、一つの新しい原理を確立したのである。

この点は非常に重要なことである。にもかかわらず、これまでの仏教学者は、ほとんどこの点に気づいていないのである。小乗仏教と大乗仏教を比較すれば、明らかに大乗仏教には新しいもの、おかしなものがある。早い話が、現在の日本仏教は大乗仏教の流れにある。そこで行なわれている先祖供養は、釈尊が教えられた「自業自得」の法則からしておかしなものである。他人(子孫)が供養すると先祖が救われるのであれば、「他業自得」ではないか……。あるいは、「自業他得」か……。で、学者は、日本仏教は堕落したのだと、公言はしないが心のなかで思っている。堕落したというのは、仏教でなくなったことらしい。たしかに、日本仏教は「仏教」でない節もあるにはあるが、簡単にそれで済ませてしまうのもよくない。そんなふうにすれば、インドの大乗仏教だって「仏教」でなくなる危険があるからだ。

わたしは、大乗仏教は、「自業自得」の教えはそのままにしておいて、しかもなおかつそれを補完できるだけの新しい原理を樹立した、と思っている。それができたからこそ、大乗「仏教」になり得たのである。

では、その原理は何か……?

思わせぶりな表現はやめて、ずばりと言えば、それは、

――〝廻向《えこう》〟――

である。〝廻向〟は〝回向〟とも書く。「自分の修めた功徳を他に回らして、自他ともに仏果を成就しようと期待する意」(『広辞苑』)と説明されている。この「廻向」という新しい原理でもって、

大乗仏教は新機軸を出すことができたのである。わたしはそう見ている。

▼仏物と僧物の区別

では、どこから、いかにして、大乗仏教は「廻向」という新しい原理を確立したのであろうか……?

じつはそれは、仏塔信仰のうちから出てくるのである。

釈尊の遺骨(仏舎利)を祀った仏塔が、本質的に在家信者に属していたことは、すでに何度か述べておいた。出家教団は、仏塔とは無縁であったのである。

もっとも、のちには、出家教団も仏塔を所有するようになった。あるいは、わりと古くから(仏塔信仰から大乗仏教が発生する以前)、教団の敷地のうちに仏塔を有していた部派もあったかもしれない。しかし、その場合でも、出家者の教団に寄進された財物と、仏塔に寄進された財物とでは、扱いがちがったのである。この点については、平川彰博士が次のように指摘されている(『インド仏教史(上巻)』春秋社)。

「この二部派の律蔵〔すなわち、有部の『十誦律』と大衆部の『摩訶僧祇律』〕では、塔地と僧地とは区別しなければならないといい、塔物と僧物とも区別し、その互用を禁じている。塔物を僧物に供した比丘は波羅夷罪になるという。仏塔は広義の僧園の中にふくまれていたが、しかし仏塔は僧伽から独立していたのである。」

「つぎに法蔵部の『四分律』や化地部の『五分律』では、〝僧中有仏〟の立場を取り、僧地の中に仏塔を立てているが、しかしそれでも仏物と僧物とを区別している。仏塔に布施された物を、僧伽が消費してはならないと規定している。このように教団法である律蔵において、仏塔は僧伽から独立した形も持っていた。」

要するに、出家教団と仏塔とは、独立採算制（といったことばもおかしいが……）であったわけだ。しかもそれは、出家教団のほうから一線を劃していたのである。そして、彼らは、

「仏塔に供養したって、得るところは少ないよ」

と、仏塔への寄進をやめて出家教団（サンガ）への寄進を呼びかけている。それくらいなら、仏物と僧物の独立採算制をやめて、互用すればいいのに……と思うが、きっとそうは行かなかったのであろう。釈尊が入滅に先立って、

「わたしの葬儀は在家信者がやってくれる――」

と言われたことは、ここまで尾を引いているのである。その在家信者が仏塔を護りつづけてきたのであり、出家教団は仏塔に手が出せなかったわけだ。ということは、出家教団とは別に、在家信者の宗教活動の場はしっかりと確保されていたことを意味している。この点は重要である。声を大にして強調しておきたい。

▼仏塔の財物を廻向する

仏塔に寄進された財物——それが仏物ないし塔物である。この仏物・塔物は在家信者のものであり、出家教団はこれに手がつけられなかった。

では、この仏物・塔物は、なにに使われたのであろうか？

もちろん、一部は仏塔（ストゥーパ）の維持管理の費用に充《あ》てられた。ストゥーパに参詣に来る人々に、釈尊、というより釈迦仏の一代記を語って聞かせる説教師のような人間が、わりと数多く仏塔に住み込んでいたと考えられるが、それらの人たちの生活費だって、仏塔への信者からの寄進によって賄われていた。しかし、それで全部ではない。たぶん、仏塔への寄進は相当に潤沢であったにちがいない。

そこで、二つのことが考えられる。ただし、お断わりしておくが、この部分はわたしの想像である。この点については、なんの文献資料もない。ならば勝手な想像をするな！……とお叱りを受けそうだが、この部分を埋めておかないと、「思想史」が書けないのである。どうして大乗仏教が自己の存立の基盤を獲得できたか、わたしはここのところにあると思っている。それで想像を逞（たくま）しくしているわけだ。

一つは、歌舞音曲である。

ストゥーパを背景にして、舞踊や音楽の供養が行なわれたのではなかったか……。お祭りであり、イヴェント（催し）である。そのための費用が、仏塔への寄進から支出された。

この音楽や舞踊は、仏塔独特のものである。出家者には、いっさいの歌舞音曲が禁じられていた。彼らには、やりたくてもできないことであった。

仏塔は、そのようなお祭り、催しをやることによって、ますます多くの信者を集める。信者が集まれば、さらに寄進が増える。

そこで、もう一つの使途ができる。

それは、貧しい人たちへの施しである。

あるいは、病者の救済といった事業も行なわれたのではないか……。ストゥーパの近くに、病人を収容する施設をつくっていたかもしれない。

寡婦や孤児の家が、ストゥーパの一部につくられていたと考えられる。わたしはそのように想像するのである。

そして、――。

じつはこのように、ある目的のための財物を別の目的に振り向ける、転用するのが、〝廻向〟なのである。〝廻向〟はサンスクリット語で〝パリナーマナー〟といい、その原義は「方向を転じて向かう」である。ストゥーパに寄進された財物を、病者や貧しい人、困っている人のために使う。それが廻向である。そして、その廻向によって、病人や貧者が救われるのだ。彼らには彼らの「自業」があるが、その「自業」は自業にしておいて、同時に廻向があり得る。その点が重要なのだ。

つまり、在家信者は各自の可能な範囲内で仏塔に寄進する。仏塔に小さな功徳を積み集めるのである。そして、それを仏塔の名において廻向（パリナーマナー）する。それが、大乗仏教の基本原理である。

あるいは、こう言い換えてもよい。個々の信者が仏塔に少しずつ功徳を集める。その集められた功徳は、そこで質の転換を起こして「仏の慈悲」になるのだ。その「仏の慈悲」が、一人一人の信者に跳ね返ってくる。廻向されてくるのだ、と。

そう考えるなら、仏塔信仰から大乗仏教がでてくるのがよくわかるのである。

四　仏塔の私物化をめぐって

▼栄西禅師の施し

道元禅師の語録である『正法眼蔵随聞記《しょうぼうげんぞうずいもんき》』に、左のような話が収録されている。

示して云く、故僧正建仁寺におはせし時、独りの貧人《びんにん》来りて云く、我が家貧ふして絶煙数日におよぶ。夫婦子息両三人餓死しなんとす。慈悲を以て是れを救ひ給へと云ふ。其の時房中に都《すべ》て衣食《えじき》財物等無し。思慮をめぐらすに計略つきぬ。時に薬師の像を造らんとて光《くわう》の料に打のべたる銅少分ありき。是れを取て自ら打《みづかうち》をり、束《たば》ねまるめて彼《か》の貧客《ひんきやく》にあたへて云く、是《これ》を以て食物にかへて餓をふさぐべしと。彼の俗よろこんで退出しぬ。時に門弟子等難《なん》じて云く、正《まさ》しく是れ仏像の光なり。これを以て俗人に与ふ。仏物己用《ぶつもつこよう》の罪如何ん。僧正の云く、誠に然り。但し仏意《ぶつち》を思ふに仏は身肉手足を割《さ》きて衆生に施こせり。現に餓死すべき衆生には設《たと》ひ仏の全体を以て与ふるとも仏意《ぶつち》に合《かな》ふべし。亦云く、我れは此の罪に依《より》て悪趣に堕すべくとも、只衆生の飢へを救ふべしと云云。先達《せんだつ》の心中のたけ今の学人《がくにん》も思ふべし。忘るゝこと莫れ。
（懐奘《えじよう》編、和辻哲郎校訂・岩波文庫本）

さまざまなことを考えさせられる話である。

故僧正というのは、栄西禅師である。栄西禅師が京都の建仁寺におられた時、貧窮《びんぐ》の人が来て飢えを訴える。だが、建仁寺も貧乏で、その日の米すらない。栄西禅師は困られた。

しかし、栄西禅師は決断された。薬師如来の御像建立のために寄進されている銅の延べ棒がある。像の光背の料に寄進されたものだ。それを禅師は施されたのである。

それは「仏物己用《ぶつもつこよう》の罪」ではないか——。弟子たちのあいだから、師を難詰する声があがる。なんて恐ろしいことを……と、彼らはふるえているのだ。

けれども、栄西禅師は動じない。仏だって、乞われれば自分の手足であれ、何であれ与えられたであろう。それが仏の慈悲なのだ。自分が飢えた人に施したのは、仏意《ぶつち》にかなっている！　それに、もし自分が「仏物己用の罪」で地獄に堕ちるのなら、それでもいいんだ。そんなふうに、栄西禅師は言われたのである。

わたしはこの栄西禅師の態度に、「廻向の精神」が読みとれると思っている。

▼小乗仏教の戒律

話を先に進める前に、ちょっと「仏物己用の罪」について述べておく。わたしは、栄西禅師の行為は、「仏物己用の罪」にあたらないと思っている。

というのは、上座部系の戒律である『律蔵』(パーリ律)には、次のような条項がある。

——何れの比丘と雖も、知りつゝ、僧物として寄進せられたる利得を、自己に廻入すれば、尼薩耆波逸提なり。(「南伝大蔵経」第一巻、四四九ページ)

〝尼《に》薩耆《さつぎ》波《は》逸提《いつだい》〟とは、パーリ語の〝ニサッギヤー・パーチッティヤー〟を音写したもので、「捨《しや》堕《だ》」と訳されるものである。これは比丘の所有物を制限したもので、これに違反したときは、罪に触れた物を放棄し、二、三人の比丘の前で懺悔《さんげ》せねばならない。

しかし、この規定は「僧物」に関してである。僧物というのは教団(サンガ)へ寄進されたものであって、仏物とはちがう。仏物(あるいは塔物《とうもつ》ともいう)は、仏塔(ストゥーパ)に寄進されたものである。栄西禅師は「仏物」を貧者に与えられたことになっているから、厳密に言えばこの規定は適用できないわけだ。

ところで、仏物(塔物)については、『律蔵』は先程の引用箇所につづけて次のように規定している。

——僧に寄進せられたるを、他の僧或は塔に廻入すれば突吉羅なり。塔に寄進せられたるを、他の塔、或は僧、或は人に廻入すれば突吉羅なり。人に寄進せられたるを、他の人、或は僧、或は塔に廻入すれば突吉羅なり。（同上、四五〇ページ）

この〝突吉羅《ときら》〟というのは、捨堕よりももっと軽罪である。故意にこの罪を犯した者は、一人の比丘の前で懺悔すればよい。（捨堕のときは、二、三人の比丘の前であった）。また、故意でなければ、自分の心のなかで懺悔すればよいのである。栄西禅師は、故意に「塔に寄進せられたる」を人に廻入された。だとすれば、それは突吉羅であって、誰か一人の比丘の前で懺悔されればよろしいのである。決して地獄（悪趣）に堕ちるような大罪ではない。

いや、わたしがいま述べたことは、部派仏教（小乗仏教）の戒律によって判断したことである。小乗仏教の戒律においてすら、栄西禅師の行為はほとんど問題にならないのである。ましてや、釈尊は「小々戒は廃してよい」と言っておられたのだ。そのことについては前に詳しく論じておいたが、釈尊は突吉羅のような小々戒は廃したほうがよいと考えておられたのだと思う。そんな細かな条項に縛られると、かえって困ることがある。栄西禅師が小々戒に縛られて行動されたなら、親子三人が餓死したはずだ。やはり小乗仏教の小々戒は、釈尊の精神に悖《もと》るのではなかろうか……。わたしにはそう思えてならない。

▼量の増大が質の転換をもたらす

いささか退屈な議論をしてしまった。

しかし、これは大事な点である。小々戒にこだわっている小乗仏教においては、「他人」は救えないのである。「自業自得」の法則にもとづけば、「他人」は自分で救いの業を得なければならぬ。「わたし」は「他人」を救えないし、「他人」は「わたし」を救えない。

だから、他人を救うには戒を破る必要がある。というより、戒を無視する必要がある。戒に縛られることなく、自由に行動できないと、他人を救えないのである。

大乗仏教徒は、その「自由」を獲得したのであった。

いかにして……？　「廻向」の原理を発見することによって――。

仏塔（ストゥーパ）に寄進された善男善女の浄財が、病者や貧しい人々、寡婦や孤児、老人などの生活に困っている人々を救うために役立てることができた。塵《ちり》も積もれば山となる――であって、一人一人が寄進した小さなお金も、積もり積もれば大きな魅力になる。そして、量の増大は質の転換をもたらすのであって、大きくまとまったお金は思わぬ力を発揮するのである。

それが――「廻向」の原理である。

小さな力が積もり積もって、質的に高い大きな力に転換する。それが「廻向」である。

そのような「廻向」の原理が発見されたとき、「自業自得」の法則を根底に置きながら、それを超えた新しい仏教――大乗仏教――が可能となったのである。

人々はこんなふうに考えたにちがいない。

われわれ在家の人間の力は、小さく弱い。出家修行者（比丘《びく》・比丘尼《びくに》）に比して、わたしたちの修行なんてとるに足らないものである。そんな弱くて小さな力でも、それらを集めて一つにすれば、ものすごく大きな力にならないか……。たんに量が増えるだけでなく、質的にちがった、高い次元になるはずだ――。

それは、ありうることである。

たとえば、祈りの合唱がそれである。一人一人が小さな声で唱えるお念仏やお題目、祈りのことばが、大きくまとまって会場全体に響き渡る。そのとき、その会場にいる人々は、ものすごく大きな力を感じるのである。生命の歓喜にひたり、明日への勇気がわいてくる。

これはなにも、宗教だけの現象ではない。労働組合におけるシュプレヒコールだって、同じ効果を発揮する。

「がんばろう！」「がんばろう！」「がんばろう！」

拳を突き上げて皆で一斉に叫ぶことによって、労働者の連帯が自覚され、団結が高まるのだ。

まさに、わたしのお念仏が力となって、あなたに及んでいるのである。あなたのお題目が勇気となって、わたしに回されてきているのである。

それが「廻向」である。

そして大乗仏教は、この「廻向」の原理の上に成り立つ仏教なのである。

▼許せない仏塔の私物化

ところで、このような必然性——つまり、在家信者の救いがなければならぬという要請——から芽生えてきた大乗仏教に対して、既存の小乗仏教側から熾烈《しれつ》な攻撃が加えられたことは容易に想像がつく。その攻撃は、基本的には、

「仏塔（ストゥーパ）を私物化するな！」

ということであったと思われる。

なぜなら、仏塔は本来、仏宝・法宝・僧宝の三宝の一つの仏宝なのである。僧宝とはサンガ（比丘・比丘尼教団）であり、法宝は経典、すなわちサンガが伝承してきた釈尊の教えである。三宝は一つにまとまっているべきであって、仏宝だけが勝手に分離し、独自の行動をとってもらっては困る——。というのが、小乗仏教の主張であったと想像されるのである。

だが、……。と、読者は思われるかもしれない。仏塔はもともと在家信者に負託されていたのではなかったか、と。

たしかにその通りである。わたしも前に、ひょっとしたら在家信者たちが管理委員会をつくって、ストゥーパを維持してきたのではなかったか、と推理を語っておいた。現在でもミャンマー（ビルマ）やタイなどにおいては、仏塔はそのようにして維持管理されているのである。

けれども、維持と管理は在家信者たちのグループに委《まか》せられていたとしても、その在家信者たち

のグループがストゥーパを所有していたわけではない。ストゥーパの所有権は、在家信者にはなかった。

では、ストゥーパを所有していたのは誰か？

わたしは、それは四方サンガであったと推理している。四方サンガとは、時間・空間を超越した理想的なサンガである。地球上のあらゆる場所と、永遠の時間軸の上に構築されたサンガである。

もちろん、この四方サンガは現実のサンガ（すなわち小乗教団）と同じものではない。現実の教団は「現前サンガ」といって、四方サンガの基盤の上に存在しているサンガである。この点については前にも触れておいたが（第三章第一節）、僧園や精舎等は四方サンガに属していて、現前サンガが勝手に処分できないのである。自分たちが現に止住している僧園ですら、教団の所有物ではないのである。だから、ましてやストゥーパは、小乗教団（現前サンガ）の所有物ではない。そして、もう一度繰り返しておけば、ストゥーパは小乗教団の所有物でもないし、在家信者たちが形成する管理人たちのグループの所有物でもない。それらを超えた四方サンガに、その所有権はあったのである。わたしはそのように推定している。

にもかかわらず、在家信者たちを中心とする仏塔崇拝のグループが、仏塔を私物化し、わが者顔に振るまいはじめた。仏塔信仰の功徳を宣伝し、仏塔を中心にイベント（催し）を行い、民衆の救済を説きはじめた。まことに腹立たしいかぎりである。……と、既成の教団は考えたにちがいない。

「ストゥーパ（仏塔）を私物化してはならない！」

そのように、小乗教団側から仏塔崇拝者のグループ——とりもなおさず、それが大乗仏教の教団であったが——に抗議の声が浴びせられたものと思われる。小乗仏教の考え方からすれば、大乗仏教のやり方は許せない行為であり、抗議して当然なのである。だから抗議があったと推測して、たぶんまちがいはないであろう。

▼われらは釈迦牟尼仏の実子なり

ところで、仏塔の私物化（ただし、この語はあくまでも小乗仏教側の観点に立ってのものである。大乗仏教側は「私物化」とは見ていない）に対して抗議があったとして、そうすると、大乗仏教の側からは必ずやそれに対する反論がなされたはずである。抗議されて、「ああ、そうですか……」と黙っているはずがない。大乗仏教の推進者たちは、自分たちの行動の正当性を主張したにちがいないのだ。

では、どのように自分たちの運動を正当づけたか？　その論理根拠は何であったか……？

じつは、わたしは、その正当性の主張は『法華経』によく現われていると思う。『法華経』がいかなる経典であり、どのような教説を展開しているかについては、いずれ詳しく考察するつもりでいる。いまここでは、「仏塔私物化」の正当性も主張根拠にかぎってだけ、『法華経』に言及することにする。

さて、そこで、……。

『法華経』が声を大にして言っていることは、われわれ一切衆生がすべてほとけの子である、ということである。

「我是如是　衆聖中尊　世間之父　一切衆生　皆是吾子」――我《わ》れも亦《また》、是《かく》の如《ごと》し。衆聖《しゅしょう》の中の尊にして、世間の父なり。一切衆生は、皆、これ吾《わ》が子なり。

「今此三界　皆是我有　其中衆生　悉是吾子」――、今、この三界は、皆、これ我《わ》が有なり。その中の衆生は、悉《ことごと》くこれ吾が子なり。

これは「譬喩品《ひゆぼん》第三」にあることばである。ここで「われ」というのは、釈迦牟尼仏《しゃかむにぶつ》である。「譬喩品」においては、燃え盛る大邸宅から、うまい手立てでもって子どもたちを救い出した父親＝長者の話が語られている。そして、釈迦牟尼仏は、自分はその父親＝長者と同じなのだ、と言っておられるのである。一切の衆生が、すべて釈迦牟尼仏の実子である。

だから、――。そうなんだ、だからわれわれは、遠慮なく父親のものを享受していいのである。仏塔（ストゥーパ）は父親のものであり、それを実子が享受するのに、なんの遠慮がいるものか……。『法華経』はそう息巻いているのだ。

さらに『法華経』は、「長者窮子《ぐうじ》の譬」を語っている（「信解品第四」）。――大金持ちの長者がいた。いや長者というのは大金持ちにきまっている。長者と金持ちは同義だから、大金持ちの長者というのはおかしいが、まあともかく、どえらい富豪がいたのである。そして彼は、何十年もの間、行方不明になっていた息子を見つける。たまたま息子が長者の門前を通ったからである。

息子は、その長者が父親だとは知らない。しかも息子は零落の身であった。それで彼は、長者のところに連れて来られたとき、思わず失神してしまう。自分が何か悪いことをして、長者の怒りを買ったのではないか……と、そう考えるほど息子は小心で、貧乏根性に染まっていたのである。

だから父親は、しばらく親子の名乗りをあげないことに決めた。息子を雇って、最初は便所掃除の仕事をさせる。そして少しずつ責任ある仕事を与えて行く。最後には、一切の仕事を息子に任せるにいたるのだが、息子はいっこうに態度を改めない。最後の最後まで、使用人でありつづけるのだ。

だが、この父親にも臨終のときがきた。そこで父親は、大勢の人々を呼び集めて、こんなふうに遺言したのである。

「此実我子。我実其父。今吾所有。一切財物。皆是子有。」——これ実に我《わ》が子なり。我《わ》れは実にその父なり。今、吾《わ》が有する所の一切の財物は、皆、これ子の有なり。

これが『法華経』の反論である。小乗仏教の徒は、釈迦牟尼仏がわれらの父親であられることに気づいていない。わたしたちは皆、釈迦牟尼仏の実子なのに、そのことがわからずにつまらぬ遠慮をしている。使用人意識でいて、ちっとも父親に甘えようとしない。馬鹿げたことだ……。『法華経』はそう言っているのである。

小乗仏教の徒は、「仏塔を私物化するな！」と大乗仏教を攻撃する。だが、大乗仏教の側からは、こんなふうに反論するのである。「父親の遺産を自由に使って、どこが悪い!?」と。

あれは、讃岐《さぬき》の庄松《しょうま》であったか……。妙好人《みょうこうにん》の話である。彼はお寺にお詣りをし、疲れたもので本堂の阿弥陀さんの前でごろりと横になる。連れの男が見かねて注意する。行儀が悪いではないか……と。すると彼は言った。

「なに、親の家《うち》じゃ、心配するな。そう言うおまえは、おおかた継子《ままこ》であろう……」

と。

わたしは、小乗仏教徒に向かって『法華経』が、「継子意識を捨てよ!」と言っているように思えてならないのである。

▼大乗仏教は庶民仏教

かくて、釈尊の遺骨（仏舎利《ぶっしゃり》）を納めたストゥーパ（仏塔）を拠点にして、新しい仏教＝大乗仏教が芽生えてくる思想史的必然が理解していただけたかと思う。仏教は、まちがいなく一つの宗教である。そして、それが宗教であるかぎり、民衆の救いがなければならない。だが、小乗仏教では民衆は救えない。小乗仏教においては、エリートである出家者の解説だけが目差されていて、ノン・エリートの在家信者の救済は考慮の外に置かれていたからである。

したがって、在家信者——民衆——庶民——一切衆生を救う新しい仏教が、ぜひとも出現せねばならなかったのである。そして、その新しい仏教が大乗仏教であった。

ということは、……。

裏返しに言えば、大乗仏教は庶民仏教なのである。

庶民の、庶民による、庶民のための仏教——。どこかで聞いたような文句であるが、それが大乗仏教である。

ある意味で、大乗仏教になって、はじめて仏教は「宗教」になったのである。それまでの仏教——小乗仏教——は、完全な意味での「宗教」ではなかった。いわば、一つの学派のようなものと考えられる。

だから、大乗仏教を基準にすれば、これまでの仏教の歴史・思想史は「前史」であった。この大乗仏教によって、はじめて仏教の歴史・思想史の「本史」がはじまるのである。わたしはそのように考えている。

(下巻につづく)

インド仏教思想史　下巻

〔目次〕

ひろ　さちや

一九三六年（昭和十一年）大阪市に生まれる。東京大学文学部印度哲学科卒業、東京大学大学院人文科学研究科印度哲学専攻博士課程修了。一九六五年から二十年間、気象大学校教授をつとめる。退職後、仏教をはじめとする宗教の解説書から、仏教的な生き方を綴るエッセイまで幅広く執筆するとともに、全国各地で講演活動を行っている。彪大かつ多様で難解な仏教の教えを、逆説やユーモアを駆使して表現される筆致や語り口は、年齢・性別を超えて好評を博している。

おもな著書に、『仏教の歴史（全十巻）』『釈迦』『仏陀』『大乗仏教の真実――インド仏教の歴史――』『ひろさちやのいきいき人生（全五巻）』（以上春秋社）、『観音経　奇蹟の経典』（大蔵出版）、『お念仏とは何か』『禅がわかる本』（以上新潮選書）、『「狂い」のすすめ』（集英社新書）、『わたしの「南無妙法蓮華経」』『わたしの「南無阿弥陀仏」』『〈法華経〉の世界』『『法華経』日本語訳』『〈法華経〉の真実』（以上佼成出版社）などがある。

インド仏教思想史(上)

2020年10月30日　初版第1刷発行

著者…………ひろさちや
発行者………水野博文
発行所………株式会社佼成出版社
〒166-8535　東京都杉並区和田2-7-1
電話　(03) 5385-2317 (編集)
(03) 5385-2323 (販売)
URL　https://www.kosei-shuppan.co.jp/

印刷所………亜細亜印刷株式会社
製本所………株式会社若林製本工場

 ISBN978-4-333-02828-3　C0015